LAPA
uitgewers
www.lapa.co.za

Fassinerende feite

Dawid van Lill

LAPA

© Kopiereg 2003
LAPA Uitgewers (Edms.) Bpk.,
Bosmanstraat 380, Pretoria
Tel. 012 401 0700
E-pos lapa@atkv.org.za
Geset in RotisSemiSans 11pt op 14pt
Omslagontwerp deur Marinda Knox
Ontwerp en uitleg deur Marinda Knox
Gedruk en gebind deur INCE (Edms.) Bpk.,
Broadstraat 11, Park Central, Johannesburg

Eerste uitgawe 2003

ISBN 0 7993 3174 0

INHOUD

1

Suid-Afrika

'n Wêreld in een land

Inleiding

Suid-Afrika is een van die wêreld se interessantste lande, met 'n baie ryk diere- en plantelewe en 'n wye verskeidenheid tale en kulture. Só lyk Suid-Afrika in syfers:

Suid-Afrika het...

- **1** ware meer, die Fundudzi Meer (ook die Heilige Meer Fundudzi genoem), wat in Limpopo lê.
- **2** oseane, wat weerskante van die land lê. Die Atlantiese Oseaan lê wes en die Indiese Oseaan oos van Suid-Afrika.
- **3** hoofstede. Kaapstad is die wetgewende hoofstad en die setel van die parlement, Bloemfontein is die regsprekende hoofstad, waar die appèlhof is, en Pretoria is die administratiewe hoofstad.
- **4** wenners van die Nobelprys vir Vrede: Albert Luthuli (1960), Desmond Tutu (1984), Nelson Mandela (1993) en FW de Klerk (1993).

Daar is...

- **5** tale in die volkslied, *Nkosi Sikelel' iAfrika*: Afrikaans, Engels, Xhosa, Zoeloe en Sotho.
- **6** kleure op die landsvlag. Die rooi is aan die bokant van die vlag, die blou aan die onderkant, en die swart naaste aan die vlagpaal. Die groen Y-vorm in die middel van die vlag lê tussen twee dunner bane, 'n gele en 'n witte.
- **7** munte in die muntreeks nadat die munt van 1c- en 2c-stukke in Maart 2002 gestaak is. Die munte wat daarná gebruik word, is die 5c, 10c, 20c, 50c, R1, R2 en R5. Op elkeen van dié munte is daar 'n spesifieke voël, dier of plant:

Munt	Voorkant
5c	Bloukraanvoël
10c	Aronskelk
20c	Protea
50c	Strelitzia
R1	Springbok
R2	Koedoe
R5	Swartwildebees

Suid-Afrika het ook...

- **8** interessante diererekords:
  Die grootste landsoogdier: die Afrika-olifant.
  Die hoogste dier: die kameelperd.
  Die vinnigste soogdier: die jagluiperd.
  Die grootste seereptiel: die leerrugskilpad.
  Die grootste wildsbok: die eland.
  Die grootste voël: die volstruis.
  Die swaarste vlieënde voël: die gompou.
  Die grootste vis: die walvishaai.

- **9** provinsies: Noord-Kaap, Noordwes, Limpopo, Wes-Kaap, Oos-Kaap, Mpumalanga, KwaZulu-Natal, Gauteng en die Vrystaat.
- Suid-Afrika is een van **10** lande in Suider-Afrika. Die ander is Angola, Botswana, Lesotho, Malawi, Mosambiek, Namibië, Swaziland, Zambië en Zimbabwe.
- **11** amptelike tale: Afrikaans, Engels, Ndebele, Xhosa, Zoeloe, Pedi (Noord-Sotho), Sotho (Suid-Sotho), Tswana, Swati (Swazi), Venda en Tsonga. En hoe sê 'n mens "Suid-Afrika" in die verskillende tale? Suid-Afrika roteer jaarliks van 2002 af in die verskillende tale op die munte:

Afrikaans	Suid-Afrika
Engels	South Africa
Zoeloe	iNingizimu Afrika
Xhosa	uMzantsi Afrika
Sepedi/Sesotho	Afrika Borwa
Tswana	Aforika Borwa
Tsonga	Afrika-Dzonga
Swati	Ningizimu Afrika
Venda	Afurika Tsipembe
Ndebele	iSewula Afrika

- **12** openbare vakansiedae per jaar:

Datum	Dag
1 Januarie	Nuwejaarsdag
21 Maart	Menseregtedag
Wissel	Goeie Vrydag
Wissel	Gesinsdag
27 April	Vryheidsdag
1 Mei	Werkersdag
16 Junie	Jeugdag
9 Augustus	Nasionale Vrouedag
24 September	Erfenisdag
16 Desember	Versoeningsdag
25 Desember	Kersdag
26 Desember	Welwillendheidsdag

- **13** politieke partye in die parlement (in 2003).
- **14** provinsiale rugbyspanne. SARFU het in 2003 selfs 'n vroueliga in die lewe geroep waaraan 14 provinsiale spanne deelneem.
- **20** nasionale parke, wat oor die hele land versprei is:

Nasionale park	Gestig in
Addo Olifant Nasionale Park	1931
Agulhas Nasionale Park	1999
Augrabies Nasionale Park	1966
Bergsebra Nasionale Park	1937
Bontebok Nasionale Park	1931

Golden Gate Hoogland Nasionale Park	1963
Kaapse Skiereiland Nasionale Park	1998
Kalahari Oorgrenspark	1931
Karoo Nasionale Park	1979
Knysna Nasionale Meregebied	1985
Marakele Nasionale Park	1993
Nasionale Krugerwildtuin	1926
Richtersveld Nasionale Park	1991
Tankwa Karoo Nasionale Park	1986
Tsitsikamma Nasionale Park	1964
Vaalbos Nasionale Park	1986
Vhembe-Dongola Nasionale Park	1998
Weskus Nasionale Park	1985
Wildernis Nasionale Park	1985

- **400** parlementslede in die Nasionale Vergadering.
- 'n Kuslyn van **2 945 km**. Daar is 37 ander lande in die wêreld wat 'n langer kuslyn het.
- 'n Totale oppervlakte van **1 219 090 km²**. Daar is net 23 ander lande in die wêreld wat groter is as Suid-Afrika, waarvan agt in Afrika is.
- **23 200 plantsoorte**, waarvan 19 000 net in Suid-Afrika voorkom. Die Kaapse blomryk is die kleinste ter wêreld, maar bevat 8 500 spesies, waarvan 6 000 nêrens anders voorkom nie. Net van die erika-soorte alleen is daar meer as 300 in dié streek.
- 'n Gemiddelde **jaarlikse reënval van 464 mm** — net meer as die helfte van die wêreldgemiddeld.
- Meer as **900 voëlsoorte**. Dit beteken dat 10% van die wêreld se voëlsoorte op net 1% van die wêreld se oppervlakte voorkom. Daar is ook meer as 100 soorte slange en 5 000 spinnekopspesies in ons sonnige land.
- Ongeveer **23 000 plantspesies**. Net drie lande het meer: Sjina (30 000), Colombia (35 000) en Brasilië (56 000).
- Baie **sonskyn**. Die gemiddelde sonskynure is tussen 7,5 en 9,5 uur per dag, teenoor New York se 6,9 uur en Londen se 3,8 uur.
- En, les bes: Suid-Afrika is die wêreld se **grootste produsent** van goud, platinum, chroom, vanadium en mangaan.

A ALGEMENE KENNIS
Hoeveel weet jy nóg van Suid-Afrika?

Maklik

1. Watter stad in Suid-Afrika lê aan die voet van Tafelberg?
   a Kaapstad   b Johannesburg   c Pretoria
2. Watter dier kry 'n mens op die R1-muntstuk?
   a Renoster   b Springbok   c Koedoe
3. Watter Suid-Afrikaanse stad word ook "Egoli" genoem?
   a Kaapstad   b Johannesburg   c Durban
4. Na watter groot hawestad in KwaZulu-Natal gaan mense vir 'n lekker seevakansie?
   a Johannesburg   b Bloemfontein   c Durban
5. Wat is die naam van die lang, hoë berg wat van Mpumalanga af tot in die Oos-Kaap loop?
   a Drakensberg   b Limpopo   c Tafelberg

Medium

6. Watter stad naby die middel van Suid-Afrika spog met 'n Groot Gat waar baie diamante uitgehaal is?
7. Watter provinsie in Suid-Afrika is die kleinste?
8. Wat is die naam van Suid-Afrika se nasionale voël?
9. In watter stad kry ons die Uniegebou en die Voortrekkermonument?
10. Wie was Suid-Afrika se president voor president Mbeki en ná president De Klerk?

Moeilik

11. Watter groot stad in Suid-Afrika is die enigste stad wat na 'n vrou vernoem is?
12. Watter bevolkingsgroep in Suid-Afrika het 'n reënkoningin wat Modjadji genoem word?
13. Watter Suid-Afrikaanse bevolkingsgroep is die grootste?
14. In watter Suid-Afrikaanse provinsie is plekke soos Polokwane, Bela Bela, Musina en Modimolle?
15. Watter taal is al van 1822 af 'n amptelike taal van Suid-Afrika?

B DINK FLINK!
Provinsiale hoofstede

Rangskik Suid-Afrika se provinsiale hoofstede sodat elkeen teenoor die regte provinsie is.

1	Vrystaat	a	Ulundi
2	Gauteng	b	Mafikeng
3	KwaZulu-Natal	c	Nelspruit
4	Limpopo	d	Bisho
5	Oos-Kaap	e	Kimberley
6	Mpumalanga	f	Bloemfontein
7	Noord-Kaap	g	Polokwane
8	Noordwes	h	Kaapstad
9	Wes-Kaap	i	Johannesburg

DINK VINNIG!

Amptelike tale

Pas die regte getal sprekers van Suid-Afrika se amptelike tale by elke taal.

1	Engels	a	3,1 miljoen
2	Afrikaans	b	0,9 miljoen
3	Ndebele	c	1,8 miljoen
4	Xhosa	d	3,5 miljoen
5	Zoeloe	e	3,7 miljoen
6	Pedi	f	9,2 miljoen
7	Sotho	g	5,8 miljoen
8	Tswana	h	1,0 miljoen
9	Swati	i	0,6 miljoen
10	Venda	j	7,2 miljoen
11	Tsonga	k	3,3 miljoen

Al die antwoorde verskyn aan die einde van die hoofstuk.

Antwoorde

A. ALGEMENE KENNIS

Alles en nog wat

1 Watter stad in Suid-Afrika lê aan die voet van Tafelberg?

a Kaapstad

Kaapstad is die oudste stad in Suid-Afrika, daarom word dit ook die moederstad genoem.

Antonio de Saldanha was in 1503 die eerste Europeër wat Tafelberg uitgeklim het, en hy het die gebied "Agoada do Saldanha" genoem ("die waterhaalplek van Saldanha"). Dié naam is 'n eeu lank gebruik. Toe Jan van Riebeeck en sy geselskap hier aangekom het om 'n verversingstasie te stig, het hulle die naam "Cabo de Goede Hoop" (of sommer net "Cabo" of "Caab") gebruik, en in die 18de eeu is dit "Het Vlek van de Caab" genoem ("vlek" is 'n dorpie). Eers teen 1797 het die naam "Caabstad" in plaas van "Caabse Vlek" in senaatsvergaderings se notules begin verskyn. "Kaapstad" en "Cape Town", wat altwee amptelike status het, word al van die middel van die 19de eeu af gebruik.

Die inheemse mense se naam vir Tafelberg was eers Goerikamma ("berg by die groot water") of Ghutais ("in wolke weggesteek").

2 Watter dier kry 'n mens op die R1-muntstuk?

b Springbok

Die springbok is Suid-Afrika se nasionale dier. Wanneer 'n springbokram pronk, kan hy tussen 2 en 4 m hoog spring, met sy hoewe teen mekaar. Terselfdertyd gaan 'n velvou op die rug oop en vertoon hy 'n ry lang wit hare wat ook die pronk genoem word.

'n Mens kry dié diere op droë of halfdroë vlaktes. Hulle is nie afhanklik van water nie; dié kry hulle sommer van die wortels, plante en vrugte wat hulle vreet.

SAN Parke

Andrzej Sawa

Andrzej Sawa

Springbokke het in die 19de eeu in groot getalle getrek en dié troppe was tot 'n paar honderdduisend groot. Daar is selfs 'n dorp in die Noord-Kaap wat die naam Springbok dra.

Die Springbokrugbyspan het in 2003 'n nuwe wapen gekry. Die Springbokwapen het in 1906 op die truie begin verskyn, en die springbok het 90 jaar lank na die linkerkant toe gespring. Van 1996 af het dit na die regterkant toe begin spring. Daar was toe 'n protea links bo die springbok, en 'n rugbybal regs onder, met die woorde *SA Rugby* onder die embleem. Van 2003 af is die rugbybal binne-in die protea, en die woord *Springbok* verskyn onder die embleem.

3 Watter Suid-Afrikaanse stad word ook "Egoli" genoem?

b Johannesburg

Johannesburg het 'n klomp byname, waaronder Jozi, Joeys, Jo'Burg, en eGoli. Die hoofstad van Gauteng was in 1986 'n eeu oud, en dis vandag die grootste stad in Suid-Afrika. In 2002 was Johannesburg die goedkoopste wêreldstad volgens 'n opname wat in 144 stede gedoen is.

Johannesburg spog met van Afrika se hoogste to-rings. Die Hillbrowtoring is 270 m hoog en is oor 'n tyd-perk van drie jaar gebou (van Junie 1968 tot April 1971). Dit het maar omtrent R2 miljoen gekos. Die Brixton-toring, wat al in 1962 gebou is, is 240 m hoog. Afrika se hoogste kantoorgebou is die Carltonsentrum, wat 50 verdiepings het. Dit is in 1973 voltooi.

Dit neem 'n minuut langer om 'n eier in Johannesburg te kook as op seevlak, omdat Johannesburg 2 000 m bo seevlak is.

Die stad het in 2003 2,8 miljoen inwoners gehad. Dit spog ook met 180 000 straatligte, 1 780 verkeersligte, strate wat altesaam meer as 7 500 km lank is, waterpype wat saam 8 000 km lank is, en 17 natuurreservate.

4 Na watter groot stad in KwaZulu-Natal gaan mense vir 'n lekker seevakansie?

c Durban

Durban word baiekeer sommer net Durbs genoem, en die munisipale gebied is bekend as eThekweni. Dis 'n groot stad, met omtrent 2,3 miljoen inwoners. Die naam kom van 'n Kaapse goewerneur, sir Benjamin D'Urban. Voordat dit dié naam gekry het, was dit Port Natal. Die seevaarder Vasco da Gama het dit so genoem toe hy op Kersdag 1497 daar aangekom het. Die "Natal" verwys na Christus se geboorte.

H P H Fotografie

Andrzej Sawa

5 Wat is die naam van die lang, hoë berg wat van Mpumalanga af tot in die Oos-Kaap loop?

a Drakensberg

Die Drakensberg is een van die bekendste landmerke in Suid-Afrika. Dit strek omtrent 1 125 km ver en vorm die grens tussen die Vrystaat en Lesotho. Die Nguni naam vir die Drakensberg is uKhahlamba (of Quathlamba), wat "grens van spiese" beteken.

Die San het meer as 4 000 jaar in die Drakensberg gewoon en 'n groot versameling rotskuns agtergelaat. Die Drakensberg-rotskuns is die grootste en mees gekonsentreerde groep rotstekeninge in Afrika suid van die Sahara, en die Drakensbergpark is in 2000 tot 'n Wêrelderfenisgebied verklaar.

Vyf riviere ontspring op Mont-aux-Sources, wat 3 299 m hoog is. Een van hulle is die Tugela, waarin die wêreld se tweede hoogste waterval voorkom — die manjifieke Tugelawaterval, wat 948 m hoog is. Die twee hoogste punte in Suid-Afrika, Mafadi (3 446 m) en Injasuti (3 379 m), lê albei in die Drakensberg.

6 Watter stad naby die middel van Suid-Afrika spog met 'n Groot Gat waar baie diamante uitgehaal is?

Kimberley

Kimberley is 'n stad van eerstes. Die eerste elektriese straatligte in die suidelike halfrond is hier aangeskakel, dit was die eerste stad wat 'n outomatiese telefoonsentrale gehad het, en dit het met Suid-Afrika se eerste aandelebeurs gespog.

Dié stad het ook Suid-Afrika se eerste vliegskool gehad, wat in 1912/13 gestig is — skaars tien jaar ná die Wright-broers se eerste vlug — en dit het in 1913 die eerste vliegtuigongeluk beleef. Kimberley het ook die eerste rugbytoerspan ('n Engelse toerspan in 1891) ont-

Andrzej Sawa

vang, Griekwaland-Wes het in 1889 die eerste Currie-beker vir rugby én krieket gewen, en Suid-Afrika se eerste rugbygrensregters (of vlagmanne) het hier opgetree (in 1891).

Dan is daar natuurlik ook die Groot Gat, die grootste mensgemaakte uitgrawing ter wêreld. Toe die diamantmyn in 1914 gesluit is, was die gat al 215 m diep. Daar is teen daardie tyd al meer as 22,5 miljoen ton grond verwyder en 2 722 kg diamante uitgehaal. En Colesberg Kopje, wat eers gestaan het waar die gat gegrawe is, was al byna vergete.

Kimberley is in 1870 gestig nadat diamante daar ontdek is, en dis ook die geboorteplek van De Beers Consolidated Mines, die wêreld se grootste diamantmaatskappy, wat in 1887 gestig is.

Kimberley was oorspronklik bekend as New Rush en Vooruitzicht, maar dis in 1873 vernoem na John Wodehouse, Graaf van Kimberley, wat dié titel gekry het omdat hy en sy vrou in Kimberley House in Kimberley, Norfolk, gewoon het. Die woord "Kimberley" is afgelei van die Angel-Saksiese woord *Cynburgh-leah*, wat beteken "vroue het die reg om grond te besit".

5 Watter een van Suid-Afrika se provinsies is die kleinste?

Gauteng

Suid-Afrika se nege provinsies is Noord-Kaap, Wes-Kaap, Oos-Kaap, Mpumalanga (voorheen Oos-Transvaal), Limpopo (voorheen Noord-Transvaal en toe Noordelike Provinsie), KwaZulu-Natal, Noordwes, Vrystaat (voorheen Oranje-Vrystaat) en Gauteng. Die grootste provinsie, die Noord-Kaap, is 361 830 km² groot, maar dis die provinsie met die minste inwoners — net 873 000. Gauteng is maar 17 010 km² groot, maar dit het 7,87 miljoen inwoners.

Kaart verskaf deur: A C BRABY (Edms.) Bpk.
Tel: 031 717 4000 Faks: 031 717 4001
34 Kingstraat, Pinetown, KwaZulu-Natal
E-pos: maps@brabys.co.za Webwerf: www.brabys.com
Kopiereg voorbehou

Andrzej Sawa

5 Wat is die naam van Suid-Afrika se nasionale voël?

Bloukraanvoël

Die bloukraanvoël (*Anthropoides paradisia*) is 'n taamlike skaars voël wat omtrent net in suidelike Afrika voorkom. Dis 'n ligte blougrys voël van omtrent 1 m hoog, met lang bene, 'n lang nek, 'n groterige kop en vlerkpluime wat tot op die grond hang.

Bloukraanvoëls lê hulle eiers op die grond in die oop veld, gewoonlik naby water. Hulle kom taamlik algemeen in die Karoo voor, maar 'n mens kry hulle ook in KwaZulu-Natal se grasvelde en in die Hoëveld, gewoonlik in pare of klein familiegroepe. Dis nie baie raserige voëls nie, maar hulle maak 'n harde "kraaak"-geluid wat baie ver gehoor kan word. Hulle vreet reptiele, sade en insekte.

Suid-Afrika se ander nasionale simbole is:

Nasionale dier	—	springbok (*Antidorcas marsupialis*)
Nasionale vis	—	galjoen (*Coracinus capensis*)
Nasionale boom	—	geelhoutboom (*Podocarpus latifolius*)
Nasionale blom	—	koningsprotea (*Protea cynaroides*)

'n Nuwe ampstaf vir gebruik in die parlement is in 2003 voorgelê vir goedkeuring. Dié ampstaf is 'n knopkierie met 'n glasbol aan die een punt, waaronder die aanhef tot die Grondwet gegraveer is. Die oorspronklike ampstaf is van soliede goud gemaak, terwyl die jongste een goud, platinum en steenkool bevat, asook inheemse houtsoorte en diamante, en gekleurde krale in die landsvlag.

9 In watter stad kry ons die Uniegebou en die Voortrekkermonument?

Pretoria

Die Uniegebou en die Voortrekkermonument is twee van Suid-Afrika se bekendste geboue. Die Uniegebou is die oudste van die twee en is in 1913 al op Meintjeskop in Pretoria voltooi. Dit is deur die bekende sir Herbert Baker ontwerp, en met sandsteen uit die De Wildt-omgewing gebou. Die grond was eers deel van Andries Francois du Toit se plaas Arcadia, maar die Unie-regering het dit in 1909 by hom gekoop.

Die gebou is nog steeds die tuiste van Suid-Afrika se regering, en bestaan uit twee vleuels wat met mekaar verbind is. Daar is ook 'n amfiteater, en besoekers kan standbeelde van Mercurius en Atlas sien, asook van die eertydse eerste ministers Louis Botha, JBM Hertzog en Jan Smuts. Daar is ook 'n reuse tuin voor die gebou.

Die Voortrekkermonument op Monumentheuwel, omtrent 6 km suid van Pretoria, is 'n relatief jong gebou. Die hoeksteen is in 1938 gelê, maar die gebou is eers in 1949 ingehuldig.

Dié reuse gebou, wat deur Gerhard Moerdijk ontwerp is, is 40 m hoog en word omring deur 'n laer van 64 graniet-ossewaens. Daar is ook 'n granietsarkofaag in die onderste saal wat só gebou is dat die sonstrale deur 'n opening in die dak, elke jaar presies om twaalfuur op 16 Desember op die Gelofte val wat daarop geskryf is. As 'n mens die uitsig oor Pretoria van die dak af wil sien, kan jy met 260 trappe tot bo klim.

10 Wie was Suid-Afrika se staatspresident voor president Mbeki en ná president De Klerk?

Oudpresident Nelson Mandela

Nelson Rolihlahla Dalibhunga Mandela is op 18 Julie 1918 naby Umtata as lid van die koninklike Tembu-familie gebore. "Rolihlahla" beteken in Xhosa letterlik "om 'n tak van 'n boom te pluk".

Nelson Mandela het in 1994 Suid-Afrika se eerste swart staatshoof geword na die eerste demokratiese verkiesing waaraan almal in die land deelgeneem het.

Hy is tans met sy derde vrou getroud. Sy eerste vrou

Andrzej Sawa

A P Photo/Obed Zilwa

was Evelyn. Daarna is hy getroud met Nkosikazi Nomzamo Madikizela, wat beter bekend geword het as Winnie Madikizela-Mandela. In 1998, op sy 80ste verjaarsdag, is hy met Graça Machel getroud, die weduwee van Samora Machel, wat president was van Mosambiek. Graça Machel was die eerste vrou wat met twee staatshoofde van verskillende lande getrou het.

Nelson Mandela was 27 jaar in die gevangenis, waarvan 18 jaar op Robbeneiland. Hy het in 1993 die Nobelprys vir Vrede met FW de Klerk gedeel, en het saam met De Klerk, Yitzhak Rabin en Jasser Arafat op die tydskrif *Time* se voorblad verskyn toe hulle as dié tydskrif se "Manne van die Jaar" gekies is. Hy is ook bekend as Madiba — sy tradisionele Xhosa-stamnaam.

11 Watter groot stad in Suid-Afrika is die enigste stad wat na 'n vrou vernoem is?

Port Elizabeth

Port Elizabeth het 'n hele klomp name. Dis bekend as PE, die Baai en iBayi, en die naam van die munisipale gebied wat dié stad, Uitenhage en Despatch insluit, is Nelson Mandela Baai. Dit is ook Die Vriendelike Stad, en as die wind die dag kwaai waai, word dit Die Winderige Stad.

Die Khoisan-stamme was die eerste groepe wat hier gewoon het, en in 1576 het Manuel de Mesquita Perestrello die baai Baia de Lagoa genoem. Dit het later Algoabaai geword. In die 19de eeu is die gebied Fort Frederick genoem, na die fort wat daar gebou is. Nadat die Britse Setlaars in 1820 in die Oos-Kaap geland het, het sir Rufane Donkin dit vernoem na sy vrou wat in Indië oorlede is.

Port Elizabeth het ongeveer 1,2 miljoen inwoners en 'n munisipale gebied van 462 km².

12 Watter bevolkingsgroep in Suid-Afrika het 'n reënkoningin wat Modjadji genoem word?

Vendas

Die Balobedu-stam wat naby Duiwelskloof in Limpopo woon, word al geslagte lank regeer deur 'n koningin wat bekend is as Modjadji, die Reënkoningin. Koningin Modjadji V is in 2001 oorlede, en na byna twee jaar is sy opgevolg deur haar kleindogter Makobo, wat deur koning Mpephu van die Vendas as Modjadji VI gekroon is.

Sy is nie net die jongste Reënkoningin nie, maar ook die eerste wat formele opleiding gekry het, en het na haar kroning voortgegaan met haar opleiding. Sy is 'n direkte afstammeling van die koninklike huis van die magtige Monomotapa-ryk, wat in die 15de en 16de eeu

Andrzej Sawa

oor Zimbabwe se Karanga-stam regeer het en verant-woordelik was vir die bouwerke wat bekend is as die Zimbabwe-ruïnes.

13 Watter Suid-Afrikaanse bevolkingsgroep is die grootste?

Die Zoeloes

Die Zoeloes van KwaZulu-Natal is die afstammelinge van Malandela, wie se seun Zulu genoem is, wat "hemel"

Andrzej Sawa

beteken. Dié groep was bekend as die amaZulu (Hemelmense) en het in die Wit Umfolozivallei gaan woon, met Zulu se kleinseun, Ndaba kaPhunga, as leier. Die koning van die Zoeloes is Goodwill Zwelithini, wat in die Nongoma-distrik van sentraal-Zoeloeland woon.

Daar is meer as 8 miljoen Zoeloes in Suid-Afrika, en omtrent 23% van Suid-Afrika se inwoners se huistaal is Zoeloe.

14 In watter Suid-Afrikaanse provinsie is plekke soos Polokwane, Bela Bela, Musina en Modimolle?

Limpopo

Limpopo het in 2002 die nuutste provinsienaam in Suid-Afrika gekry. Dit was ná 1994 eers as Noord-Transvaal bekend, en toe as die Noordelike Provinsie. Die hoofstad, Pietersburg, se naam het ook verander — na Polokwane. Van die ander dorpe wat nuwe name het, is Modimolle (eers Nylstroom), Mokopane (Potgietersrus), Bela Bela (Warmbad) en Musina (Messina).

Limpopo spog met Suid-Afrika se grootste tamatie- en sitrusplaas, reuse kremetartbome en goedbewaarde brood-boomwoude in die koninkryk van Modjadji, die Reënkoningin.

Die Limpopo-provinsie is vernoem na die groot rivier wat in Rudyard Kipling se storie *Elephant's Child* die "*great grey-green greasy Limpopo River*" genoem word. Dis die tweede grootste rivier wat in die Indiese Oseaan uitmond, en die naam kom vermoedelik van die Ndebele-woord *ilimphopho*, wat "die rivier van die waterval" beteken, of "water wat oor rotse loop" – iets wat baie in die rivier se bolope gebeur.

Die Limpopo, wat as die Marico- en Krokodilrivier ontspring, is 'n rivier met baie name. Die Portugese het dit "Rio do Cobre" en "Rio do Ouro" genoem, vir die Vendas is dit "Vhembe", die Zoeloes ken dit as "ukupopoza", en in Mosambiek word dit die "Mogombene Mele" genoem.

15 Watter taal is al van 1822 af 'n amptelike taal van Suid-Afrika?

Engels

Brittanje was van 1795 tot 1803, en weer van 1806 af aan bewind in die Kaap. Nadat die Britse Setlaars in 1820 in Suid-Afrika aangekom het, is Engels in 1822 in die plek van Nederlands as die enigste amptelike taal van die Kaapkolonie verklaar. In 1910 het Engels saam met Nederlands die Unie van Suid-Afrika se ampstale geword, en in 1925 is Afrikaans bygevoeg. Dié drie was saam landstale tot in 1961, toe net Afrikaans en Engels as die Republiek van Suid-Afrika se ampstale verklaar is.

Suid-Afrika het van 1994 af 11 amptelike tale: Afrikaans, Engels, Ndebele, Xhosa, Zoeloe, Pedi, Sotho, Tswana, Swati, Venda en Tsonga.

Antwoorde

A ALGEMENE KENNIS

Maklik
1a   Kaapstad
2b   Springbok
3b   Johannesburg
4c   Durban
5a   Drakensberg

Medium
6   Kimberley
7   Gauteng
8   Bloukraanvoël
9   Pretoria
10   Oudpresident Nelson Mandela

Moeilik
11   Port Elizabeth
12   Vendas
13   Die Zoeloes
14   Limpopo
15   Engels

B DINK FLINK!

Provinsiale hoofstede
1f   Vrystaat   Bloemfontein
2i   Gauteng   Johannesburg
3a   KwaZulu-Natal   Ulundi
4g   Limpopo   Polokwane
5d   Oos-Kaap   Bisho
6c   Mpumalanga   Nelspruit
7e   Noord-Kaap   Kimberley
8b   Noordwes   Mafikeng
9h   Wes-Kaap   Kaapstad

C DINK VINNIG!

Amptelike tale
1d   Engels   3,5 miljoen
2g   Afrikaans   5,8 miljoen
3i   Ndebele   0,6 miljoen
4j   Xhosa   7,2 miljoen
5f   Zoeloe   9,2 miljoen
6e   Pedi   3,7 miljoen
7a   Sotho   3,1 miljoen
8k   Tswana   3,3 miljoen
9h   Swati   1,0 miljoen
10b Venda   0,9 miljoen
11c Tsonga   1,8 miljoen

2

Ons wonderlike wêreld

Bekende plekke

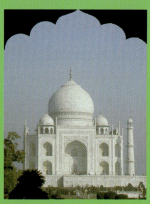
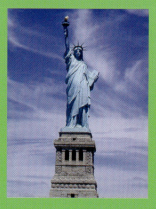

A ALGEMENE KENNIS

Maklik

1. Wat noem ons iemand wat die planne vir huise en ander geboue teken?

   a Argitek   b Beplanner   c Bouer

2. As 'n mens gaan uitkamp, slaap jy baiekeer in 'n "huisie" van seil wat jy sommer vinnig kan opslaan. Wat noem ons dit?

   a Platdakhuis   b Tent   c Pondok

3. Wat noem ons die vertrek waarin ons kosmaak en al die eetgerei bêre?

   a Woonkamer   b Kombuis   c Eetkamer

4. Wat noem ons die verskillende vlakke van 'n gebou wat bo-op mekaar gebou is?

   a Verdiepings   b Vertrekke   c Woonkamers

5. In Egipte kry ons eeue oue hoë geboue met spits punte. Wat noem ons hulle?

   a Torings   b Kanale   c Piramides

Medium

6. Watter naam gebruik ons vir die baie hoë geboue wat ons in groot stede kry?

7. Watter gebou is weer die hoogste gebou in New York nadat die Wêreldhandelsentrum deur terroriste vernietig is?

8. Wat is die naam van Italië se beroemde skewe toring?

9. In watter stad in Griekeland is die bekende Partenon, wat op die Akropolisheuwel gebou is?

10. Wat is die naam van die beroemdste toring in Parys, wat al van 1889 af oor dié stad troon?

Moeilik

11. Een van die bekendste klokke in die wêreld is in Londen. Wat is die naam van dié klok, wat al van 1859 af in die parlementsgebou lui?

12. Wat is die naam van die vrouestandbeeld wat al meer as 100 jaar in New York se hawe staan?

13. Watter reuse gebou in Rome is al in die 1ste eeu na Christus gebou vir sport en vermaak en kan nou nog daar gesien word?

14. In watter Australiese stad is die wêreldberoemde Operahuis?

15. Wat is die naam van die pragtige marmergebou in Agra, Indië, wat deur sjah Jehan vir sy vrou gebou is?

B STEDE

In watter stede is die volgende bekende plekke?

1 Buckingham Paleis	a Washington, DC
2 Pentagon	b Londen
3 Voortrekkermonument	c Vatikaanstad
4 Carltonsentrum	d Pretoria
5 St Peterskatedraal	e Johannesburg

C LANDE

In watter lande is die volgende bekende plekke?

6 Stonehenge	a Australië
7 Groot Muur	b VSA
8 Angkor Watt	c Sjina
9 Grand Canyon	d Kambodja
10 Ayers Rock	e Engeland

Al die antwoorde verskyn aan die einde van die hoofstuk.

Antwoorde

A. ALGEMENE KENNIS

Alles en nog wat

1 Wat noem ons iemand wat die planne vir huise en ander geboue teken?

   a Argitek

'n Argitek is die persoon wat eers dink hoe 'n gebou moet lyk, dan die planne optrek of teken, en daarna 'n bloudruk daarvan maak. Laasgenoemde beteken dat dit baie presies in wit lyne op blou papier geteken word, met al die regte afstande daarby. Daarna sorg hy dat die bouers die gebou oprig soos wat dit beplan is.

Die woord "argitek" kom van 'n Griekse woord wat "hoofbouer" beteken. Daniel Birnbaum, een van die VSA se grootste argitekte, het gesê: "Moenie klein planne maak nie, want hulle het geen betowering wat die mens kan ontroer nie. Maak groot planne. Mik hoog — in dít waarvoor jy hoop én in jou werk."

Andrzej Sawa

2 As 'n mens gaan uitkamp, slaap jy baiekeer in 'n "huisie" van seil wat jy sommer vinnig kan opslaan. Wat noem ons dit?

b Tent

Nomadiese groepe wat baie rondtrek, gebruik tente al eeue lank. Tente is eers gemaak van enige materiaal wat beskikbaar was, soos diervelle, takke en blare, maar later is materiaal, seil, plastiek en ander sintetiese stowwe ook gebruik. Die eenvoudigste tent het die vorm van 'n piramide, maar 'n mens kry deesdae reuse tente wat amper soos huise lyk!

Die VSA se Indiane het twee soorte tente gemaak: "wigwams" en "teepee's". Mense in Asië woon in ronde jurte, of tente met wilgerame, wat seildoek- en viltbedekkings het.

Ringling Bros en Barnum & Bailey het tussen 1921 en 1924 die wêreld se grootste tent vir hulle reisende sirkusse gebruik. Dit het 'n area van 8 492 m² bedek en het 'n koepel met 'n deursnee van 61 m gehad.

3 Wat noem ons die vertrek waarin ons kosmaak en al die eetgerei bêre?

b Kombuis

Andrzej Sawa

'n Paar eeue gelede het huise omtrent net uit 'n kombuis bestaan, en omtrent alles wat in die huis gebeur het, het daar plaasgevind. Dit was die plek waar mense kos én seep gekook het, klere gemaak en gewas het, kerse vervaardig het, en waar die gesin geëet het.

Die eerste ysterstowe het eers teen 1850 begin verskyn, en die kombuisware was groot en swaar. Nadat elektrisiteit algemeen beskikbaar geword het, het kombuistoerusting van plastiek, glas, Pyrex en ligte metale die kombuis begin oorstroom, en allerhande elektriese apparate soos die stoof en oond, mikrogolfoond, yskas, vrieskas, wasmasjien en skottelgoedwasser het die lewe baie makliker gemaak. Om nie eens te praat van die ingeboude kaste waarin al die kitskos gebêre kan word nie...

4 Wat noem ons die verskillende vlakke van 'n gebou wat bo-op mekaar gebou is?

a Verdiepings

'n Verdieping is ongeveer 3 m hoog. Geboue met meer as een verdieping is al eeue oud, maar hoë geboue met baie verdiepings het eers in die 20ste eeu gewild geword. Mense in antieke Rome het al in "woonstelle" van drie tot vyf verdiepings gewoon. Dié woonstelle het elkeen tot ses vertrekke gehad. Vandag is hoë woonstelgeboue algemeen in groot stede, en selfs kleiner stede en dorpe spog met geboue met 'n hele aantal verdiepings.

Die wêreld se hoogste gebou wat net uit woonstelle bestaan, is die Trump World Tower in New York Stad in die VSA. Dit het 72 verdiepings, en toring 262,5 m hoog die lug in.

Andrzej Sawa

5 In Egipte kry ons eeue oue hoë geboue met spits punte. Wat noem ons hulle?

c Piramides

Die enigste ware piramides is die geboue met die vierkantige basisse en driehoekige sye wat ons in Egipte kry. (Dit word piramides genoem omdat dit soos die piramide lyk wat in wiskunde gebruik word.) Hierdie geboue is opgerig as graftombes vir die farao's. Die eerste piramides is al teen 2700 vC gebou, en die bekendstes is dié wat gebou is vir farao Khoefoe, Khafre en Menkaure. Die Groot Piramide van Khoefoe, een van die Sewe Wonders van die Antieke Wêreld, is van 2,5 miljoen klipblokke gebou wat elkeen 2,5 ton weeg. Dié piramide se kante is elk 230 m lank, en die gebou self is 146 m hoog. Die reuse geboue in Sentraal- en Suid-Amerika wat ook

Andrzej Sawa

William Baron Le Jenney het in 1890/91 die eerste staalraamgebou opgerig – die Manhattangebou in Chicago. Die gebruik van elektrisiteit, hysers en lug-reëling het die oprigting van wolkekrabbers makliker gemaak. Die 300 m hoë Chryslergebou in Chicago was 'n rukkie lank die wêreld se hoogste gebou, totdat die Empire Stategebou in 1931 voltooi is.

A P Photo/Mike Fiala

piramides genoem word, het plat bokante en 'n klomp trappe wat boontoe lei. Die grootste "piramide" in dié deel van die wêreld is die Piramide van Quetzalcóatl, naby Cholula de Rivadia, suidoos van Mexiko Stad in Mexiko. Dis net 54 m hoog, maar dit het 'n basis wat 'n area van 18,2 hektaar beslaan en 'n totale volume van 3,3 miljoen m³, teenoor die Egiptiese piramide se 2,4 miljoen m³.

Die moderne mens het egter nog groter bouwerke opgerig. Boeing se Amerikaanse aanleg by Everett, Washington, VSA, wat in 1968 voltooi is, het 'n binnenshuise vloeroppervlakte van 39,8 hektaar en 'n totale volume van 13,4 miljoen m³. Dié gebou is so groot omdat Boeing se 747-, 767- en 777-vliegtuie daar aanmekaargesit word.

6 Watter naam gebruik ons vir die baie hoë geboue wat ons in groot stede kry?
Wolkekrabbers

Dink net: voor 1880 was daar geen stede wat baie hoë geboue gehad het nie! Eers in die laaste deel van die 19de eeu het geboue met 10 tot 12 verdiepings begin verrys, maar hulle was nog steeds van beton gebou. Dis eers toe staalraamwerke begin gebruik is dat baie hoë geboue begin verskyn het.

Die wêreld se hoogste wolkekrabber is die Petronas-torings in Koeala Loempoer, Maleisië, wat 88 verdiepings het en 456 m hoog is. Wanneer die beplande Centre of India-toring in Katangi in 2008 voltooi is, sal dit 224 verdiepings hê en 677 m hoog wees. Die beplande Shanghai World Financial Centre in Sjina sal 95 verdiepings hê wanneer dit voltooi is, en meer as 460 m hoog wees.

Die naam *skyscraper* (wolkekrabber) is meer as 120 jaar gelede al die eerste keer gebruik vir geboue met tussen 10 en 20 verdiepings.

7 Watter gebou is weer die hoogste gebou in New York ná die Wêreldhandelsentrum deur terroriste vernietig is?
Empire Stategebou

Die Empire Stategebou in New York is een van die wêreld se beroemdste geboue. Dis in Fifth Avenue, en is in 1931 voltooi. Dit het 102 verdiepings en is meer as 380 m hoog, en nadat die 419 m hoë Wêreldhandelsentrum se twee torings in 2001 deur terroriste vernietig is, is die

Empire Stategebou weer New York se hoogste gebou.

In 2002 is 'n kompetisie uitgeskryf vir die ontwerp van 'n nuwe wolkekrabber op Ground Zero, waar die Wêreldhandelsentrum gestaan het. Die argitek Daniel Libeskind se ontwerp is as die wenner aangewys. Die toring wat hy voorgestel het, sal 541 m hoog en een van die hoogste geboue in die wêreld wees.

Die wêreld se hoogste mensgemaakte struktuur is die CN (Canadian National)-toring in Toronto, wat 553 m hoog is.

A P Photo/Grey Gibson

A P Photo/Toronto Star/Lucas Oleniuk

8   Wat is die naam van Italië se beroemde skewe to-ring?

Toring van Pisa

Die toring van Pisa is die 55 m hoë kloktoring van die Pisa Katedraal in Italië. Dis deel van 'n kompleks wat ook die kerk en die begraafplaas insluit. Die bouwerk aan die kompleks het in 1064 begin en voortgeduur tot aan die einde van die 12de eeu. Die toring self is in 1173 gebou, maar omdat dit dadelik begin oorhel het, is die bouwerk eers in 1275 voortgesit. Die laaste deel is eers 'n eeu later voltooi. Die bopunt van die toring hel byna vier meter oor.

Daar is 294 trappe en 'n klok (dit ís immers 'n klokto-ring!), maar dié klok is nog nooit gelui nie! In 1993 het ingenieurs 600 ton lood-teenwigte gebruik om te keer dat die toring verder oorhel, en in 1995 is staalkabels aan 'n ondergrondse platform vasgeheg om die oorhelling verder te probeer verminder.

Pisa is nou ongeveer 10 km van die see af, maar in 600 vC was dit 'n hawestad!

Andrzej Sawa

9 In watter stad in Griekeland is die bekende Partenon, wat op die Akropolisheuwel gebou is?

Athene

Athínai — dis wat die Grieke hulle hoofstad noem. Die eerste mense het al meer as 5 300 jaar gelede daar gewoon, en teen 1200 vC is 'n stad met 'n muur om rondom die Akropolisheuwel gebou. Die Partenon, 'n tempel vir die godin Atena, is tussen 447 en 438 vC opgerig. Dis van wit marmer gebou, en was oorspronklik meer as 30 m breed en 228 m lank. Die meeste van die standbeelde wat daar was, is deur lord Elgin na Brittanje geneem, waar hy dit vir £35 000 aan die Britse Museum verkoop het. Dit is vandag nog bekend as die "Elgin Marbles".

Die stad Athene het in 1896 die eerste moderne Olimpiese Spele aangebied, en 2004 se Olimpiese Spele is ook aan dié antieke stad toegeken.

10 Wat is die naam van die beroemdste toring in Parys, wat al van 1889 af oor dié stad troon?

Die Eiffeltoring

Die Eiffeltoring — in Frans is dit *Tour Eiffel* — is 'n 300 m hoë gietystertoring wat al meer as 114 jaar oud is. Dit moet elke sewe jaar geverf word — met vyf ton verf! Toe die toring in 1889 vir die Wêreldtentoonstelling opgerig is, het dit 9 700 ton geweeg. Dit het deur die jare al swaarder geword as gevolg van allerhande veranderings, maar in 1983 is dié elegante skoonheid se struktuur versterk, en 1 343 ton onnodige materiaal verwyder.

Die Eiffeltoring was die breinkind van Gustave Eiffel, 'n brugbouer, en baie mense was eers skepties daaroor. Eiffel het sy revolusionêre toring in net twee jaar voltooi, teen 'n lae koste en met baie min werkers. Die toring was tot in 1930 die wêreld se hoogste bouwerk, maar is toe verbygesteek deur die Chryslergebou in Chicago. Eiffel het ook 'n verbintenis met die Statue of Liberty: hy het die raamwerk gebou waaraan dié beeld se buitekant vasgebou is.

'n Span van 25 klimmers het in Januarie 2003 begin om 40 km elektriese kabel aan die Eiffeltoring vas te heg vir 20 000 gloeilampies wat die toring die volgende tien jaar sal verlig. Die lampies is ontwerp om 'n silwerwit glans af te gee, en sal van sononder tot ná middernag elke uur vir tien minute aangaan.

11 Een van die bekendste klokke in die wêreld is in Londen. Wat is die naam van dié klok, wat al van 1859 af in die parlementsgebou lui?

Big Ben

Big Ben is nié die naam van 'n reuse kloktoring óf 'n horlosie nie — dis die naam van die 13,5 ton-klok in die toring

Andrzej Sawa

Andrzej Sawa

wat bekend is as St Stephens of die Clock Tower. Dié kloktoring is deel van die Nuwe Paleis van Westminster, wat die Britse parlement huisves. Die horlosie in die kloktoring se minuutwyser is 4,27 m lank, en elke syfer is 0,6 m hoog. Daar is ook tronkselle in die kloktoring waarin parlementslede vir bepaalde oortredings opgesluit kan word, maar dié selle is in 1880 laas gebruik.

12 Wat is die naam van die vrouestandbeeld wat al meer as 100 jaar in New York se hawe staan?
Statue of Liberty

Andrzej Sawa

Die Statue of Liberty, of Vryheidstandbeeld, is in 1886 deur Frankryk aan die VSA geskenk. Gustave Eiffel het die ysterraamwerk daarvoor vervaardig, en die beeldhouer Frederic Auguste Bartholdi het die beeld se buitekant gemaak van koperplate wat 2,37 mm dik is. Die beeld is in 330 stukke verdeel, wat in 214 kratte gepak en per skip na New York vervoer is.

Die Vryheidstandbeeld is opgerig op Bedloe's-eiland, wat van 1956 af amptelik Liberty-eiland genoem word. Die sewe punte van die standbeeld se kroon simboliseer die wêreld se sewe seë en die sewe vastelande. Die hele standbeeld, ingesluit die voetstuk, is 93 m hoog, en die kop alleen 5,26 m hoog.

Andrzej Sawa

13 Watter reuse gebou in Rome is al in die 1ste eeu na Christus gebou vir sport en vermaak en kan nou nog daar gesien word?
Colosseum

Die Colosseum in Rome is die algemene naam vir Flavius se Amfiteater, 'n indrukwekkende stadion wat in 80 nC gebou is. Dit is 188 m lank en 156 m breed, en het vier verdiepings met plek vir 50 000 toeskouers. Alhoewel aardbewings dit deur die eeue beskadig het, is dit nog steeds een van die bekendste geboue in Rome.

Die Colosseum was veral bekend vir gladiator-gevegte en vir kragmetings tussen gladiators en wilde diere. In die jaar 2000 is die eerste vertonings in 1 500 jaar daar aangebied toe 'n aantal dramas vir ongeveer 700 toeskouers opgevoer is.

14 In watter Australiese stad is die wêreldberoemde Operahuis?
Sydney

Die Operahuis in Sydney se hawe is een van die bekendste geboue in die wêreld. Die argitek is die Deen Jørn Utzon, wat 'n internasionale kompetisie gewen het om 'n operahuis te ontwerp. Utzon het nog hoër seilvormige torings voorgestel, maar die ingenieurs het dit laer gemaak. Hy het in 1966 bedank as argitek van die Operahuis-projek en was van toe af nooit weer in Australië nie. Die Operahuis is in 1973 amptelik deur koningin Elizabeth II geopen.

Utzon het in April 2003 die Pritzker-prys vir

15 Wat is die naam van die pragtige marmergebou in Agra, Indië, wat deur sjah Jehan vir sy vrou gebou is?
Taj Mahal

Die Taj Mahal is 'n marmergebou naby die stad Agra in die noorde van Indië. Sjah Jehan het dit tussen 1632 en 1638 laat oprig as grafkelder, of mausoleum, vir sy geliefde vrou, Moemtaz Mahal. Die bouwerk het 22 jaar geduur, en die gebou staan in 'n tuin wat versier is met fonteine en marmerpaadjies. Dis gebou op 'n platform met sye wat elk 95 m lank is, en die mure is vol Arabiese inskripsies wat met halfedelstene uitgelê is. Die binnekant is versier met agaat, jaspis en gekleurde marmer.

Andrzej Sawa

Argitektuur gewen vir sy ontwerp van die Operahuis. Dis die hoogste prys wat 'n argitek kan kry.

Sydney was eers bekend as Port Jackson, maar is later vernoem na lord Sydney, die Britse minister van binnelandse sake.

A P Photo/File

Nog ditjies en datjies...

• Bangkok, die hoofstad van Thailand, het 'n redelike kort naam — net sewe letters — maar dié stad se regte naam is die langste ter wêreld: Krung Thep Mahanakhon Amorn Rattanakosin Mahintara Yudthaya Mahadilok Pohp Noparat Rajathanee Bureerom Udomrajniwes Mahasatarn Amorn Pimarn Avaltarnsatit Sakatattiya Visanukram Prasit! Die mense van Thailand noem hulle hoofstad sommer Krung Thep Mahanakhon, wat beteken "Stad van die Engele".

• Die stad Los Angeles — wat ook "Stad van die Engele" beteken — het net so 'n lang naam: Pueblo de Nuestra Señora la Reina de Los Angeles de Poricuncula, wat beteken "die dorp van Ons Vrou die Koningin van die Engele van die Klein Porsie".

• Die eerste moderne wêreldstad wat 'n miljoen inwoners gehad het, was Londen, wat dié mylpaal in 1811 bereik het.

• Die Vatikaanstad in Rome is die wêreld se kleinste hoofstad én die kleinste onafhanklike staat. Dis ook die enigste land wat heeltemal binne-in 'n stad lê, en een van net twee onafhanklike lande wat nie lid van die Verenigde Nasies is nie. Die ander een is Taiwan. Switserland het in 2002 'n VN-lidland geword.

Antwoorde

A ALGEMENE KENNIS

Maklik

1a	Argitek
2b	Tent
3b	Kombuis
4c	Verdiepings
5a	Piramides

Medium

6	Wolkekrabbers
7	Empire Stategebou
8	Toring van Pisa
9	Athene
10	Eiffeltoring

Moeilik

11	Big Ben
12	Statue of Liberty
13	Colosseum
14	Sydney
15	Taj Mahal

B STEDE

1b	Buckingham Paleis	Londen
2a	Pentagon	Washington, DC
3d	Voortrekkermonument	Pretoria
4e	Carltonsentrum	Johannesburg
5c	St Peterskatedraal	Vatikaanstad

C LANDE

6e	Stonehenge	Engeland
7c	Groot Muur	Sjina
8d	Angkor Watt	Kambodja
9b	Grand Canyon	VSA
10a	Ayers Rock	Australië

3

Gesondheid!
Alles oor jou liggaam

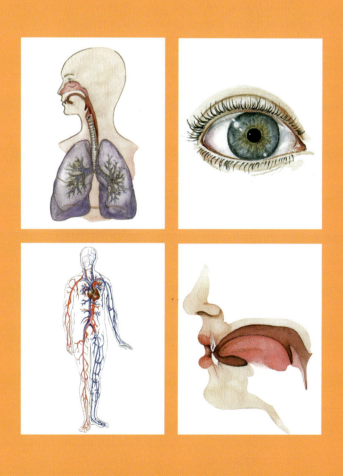

A ALGEMENE KENNIS

Maklik

1. Wat noem ons die persoon wat jou in 'n spreekkamer behandel as jy siek is?
   a Dokter   b Professor   c Narkotiseur

2. Wat is die naam van die persoon wat ons tande stop of trek?
   a Suster   b Tandarts   c Pediater

3. Na watter gebou toe word 'n mens geneem as jy baie siek is, sodat dokters en verpleegsters jou kan versorg?
   a Hospitaal   b Kantoor   c Winkelsentrum

4. Watter voertuig sal jou hospitaal toe neem as jy baie siek is of baie seergekry het?
   a Renmotor   b Vangwa   c Ambulans

5. Wat laat 'n mens slaap wanneer jy geopereer moet word?
   a Spuitnaald   b Narkose   c Pynpil

Medium

6. Wat gebruik 'n dokter as hy na jou hart of longe luister?

7. Watter deel van 'n mens se liggaam sal 'n kardioloog bestudeer?

8. Watter deel van jou liggaam kan verrek, skeur, saamtrek en trek, maar nie druk nie?

9. Watter siekte is kortweg bekend as TB?

10. In watter drie dele van 'n mens se liggaam sal 'n otorinolaringoloog belangstel?

Moeilik

11. Waarvoor staan die s in die akroniem "vigs"?

12. Watter orgaan is die grootste in die menslike liggaam?

13. Wat noem ons dit wanneer iemand lang, dun naalde op bepaalde plekke in jou liggaam druk om siektetoestande te behandel?

14. Watter deel van jou liggaam sal 'n oftalmoloog behandel?

15. Wat noem ons die organiese verbindings wat, in baie klein hoeveelhede, nodig is vir die instandhouding en normale funksionering van organismes?

B SPESIALISTE

Watter deel van die liggaam bestudeer en behandel die volgende spesialiste?

1 Chiropodis	a Maag en ingewande
2 Dermatoloog	b Bloed
3 Gastroënteroloog	c Hart
4 Hematoloog	d Vel
5 Kardioloog	e Voete
6 Oftalmoloog	f Bene, gewrigte en spiere
7 Pediater	g Oë
8 Neuroloog	h Hormone
9 Endokrinoloog	i Brein en senuwees
10 Ortopedis	j Kinders

C NOG 'N PAAR VRAE

1. Watter baie klein organismes word doodgemaak wanneer 'n mens antibiotika drink?

2. Vir watter soort toestand gebruik 'n mens antihistamien?

3. Wat gebruik 'n mens as jy hidroterapie beoefen?

4. Wat noem 'n mens die behandeling waarvoor jy hoogs gekonsentreerde plantolies gebruik?

5. Wie kan pyn in die gewrigte, veral in die ruggraat, verlig deur dit te manipuleer?

6. Wat noem 'n mens die terapie waarin iemand op dele van die voete druk wat met sekere liggaamsdele verband hou?

Al die antwoorde verskyn aan die einde van die hoofstuk.

A. ALGEMENE KENNIS

Ons wonderlike liggame

Dink net: 'n mens word in die oggend wakker, maak jou oë oop, gaap, strek, lê en dink 'n paar minute oor die dag wat voorlê (behalwe as jy laat is!), sit regop, swaai jou voete van die bed af, strompel badkamer toe, was jou gesig, trek aan, eet iets... en in dié paar minute het jou liggaam al miljoene bewegings uitgevoer, boodskappe gestuur en besluite geneem waarvan jy nie eens bewus was nie. Dis iets wat selfs die kragtigste rekenaar ter wêreld jou nie kan nadoen nie. En jy het nog nie eens iets gedoen waarvoor jy regtig al jou liggaam se vermoëns nodig gehad het nie!

Onthou: water is belangrik vir jou liggaam. Tweederdes van jou liggaam bestaan uit water. Omtrent 83% van jou bloed is water, jou spiere is 75% water, 74% van jou brein is water, en jou bene bevat 22% water.

Die mens se liggaam is werklik 'n verstommende stukkie "ingenieurswerk"! Hier is 'n klompie interessante liggaamsfeite:

JOU BREIN

Proe, ruik, sien, hoor, voel, dink, droom, asemhaal, beweeg, hardloop, lag, sing, onthou, lees, skryf, skilder... 'n Mens sou nie een van dié dinge kon doen sonder die hulp van jou brein nie.

Jou sentrale senuweestelsel bestaan uit jou brein, jou rugmurg en die netwerk senuwees wat deur jou hele liggaam versprei is. Die brein koördineer al die boodskappe wat dit van dié netwerk af kry om jou hele liggaam te beheer. Senuwees is dun draadjies wat uit senuweeselle of neurone bestaan, en wat boodskappe heen en weer na en van die brein dra.

As 'n neuron gestimuleer word, gee dit 'n klein elektriese puls af wat met die neuron langs beweeg, en spesiale chemikalieë dra dan dié boodskap blitsig van een neuron na die volgende.

Die brein reageer op die senuwee-impulse van die res van die liggaam af. Dié senuwee-impulse beweeg teen meer as 400 km/h. Jy het verskillende senupunte in jou liggaam wat elkeen 'n ander gevoel waarneem: aanraking, koue, hitte, pyn en drukking. Die brein self kan geen pyn voel nie.

Jou brein weeg 2% van jou liggaamsgewig, maar gebruik 20% van jou suurstof, en 15% van jou bloedvoorsiening. Omdat die brein ongeveer 20% van die liggaam se energie verbruik, is dit ook die warmste deel van die liggaam. Jy verloor elke dag 1 000 van jou breinselle, maar moenie bekommerd wees nie — jy het altesaam omtrent 15 miljard breinselle!

Die grootste deel van die brein (90%) bestaan uit die grootharsings, waar die denke plaasvind en wat verantwoordelik is vir bewuste bewegings en funksies. Die ander twee dele van die brein is die kleinharsings, wat verantwoordelik is vir spierkoördinasie, en die verlengde rugmurg, wat jou hartklop, spysvertering en asemhaling reguleer.

Die linkerkant van jou brein sorg vir logiese aktiwiteite, soos taal- en syfervaardighede, en die regterkant beheer jou kunsgevoel en kreatiwiteit.

Die beroemde Albert Einstein se brein het maar 1,23 kg geweeg, wat heelwat minder is as die gemiddelde gewig van 'n volwasse man se brein — omtrent 1,4 kg.

En, les bes: die gemiddelde mens het meer as 1 460 drome per jaar!

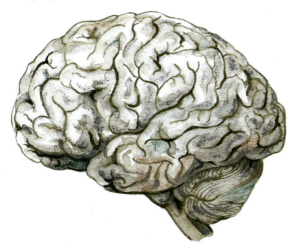

Hettie Grobler

JOU LIGGAAMSELLE

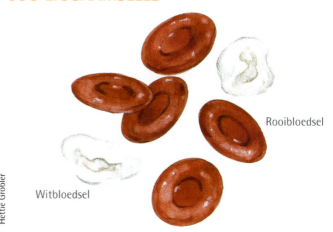

Rooibloedsel

Witbloedsel

Hettie Grobler

Die menslike liggaam bevat omtrent 75 triljoen selle, alhoewel elke mens vir omtrent 'n halfuur net 'n enkele sel was! Die grootste sel in die liggaam is die vroulike eiersel, wat omtrent 0,014 cm in deursnee is. Die manlike spermsel is die kleinste sel: 175 000 van dié selle weeg soveel soos een eiersel.

Meer as 300 miljoen van die liggaam se selle sterf elke minuut. Velselle hou 25 dae, rooibloedselle oorleef 120 dae en lewerselle 500 dae.

JOU VEL

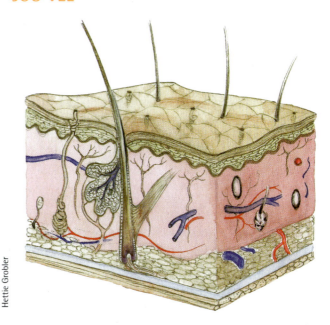

Hettie Grobler

Die vel is die liggaam se grootste orgaan. As dit uitgesprei word, sal dit 'n area van 2 m² hê, en dit weeg omtrent 3,75 kg. 'n Mens hou nie dieselfde vel deur jou lewe nie — jy verloor elke minuut omtrent 50 000 mikroskopiese veldeeltjies (dis 2 miljoen dooie velselle elke 40 minute!).

In 'n leeftyd van 70 jaar "verloor" 'n mens omtrent 20 kg vel op dié manier. Dis soveel as wat 'n 6-jarige kind weeg. Jy verloor en herwin die selle van jou buitenste vellaag een maal elke 27 dae, wat beteken dat 'n mens byna 'n duisend nuwe velle in jou leeftyd kry!

Jou vel is nie oral ewe dik nie. Onder jou voetsole is dit tot 6 mm dik, en op ander dele van jou liggaam 1,5 mm. Jou ooglede se vel is net 0,5 mm dik.

Jou vel is ook baie sensitief — dit bevat 72,4 km senuwees. En niemand van ons is ooit alleen nie: daar is omtrent 10 miljard bakterieë op die vel, en 15 triljoen bakterieë in die spysverteringstelsel!

Die afdrukke op jou vingers en tone het 'n doel: dit verskaf die wrywing wat nodig is om voorwerpe vas te vat. 'n Fetus het op die ouderdom van drie maande al vingerafdrukke, en elke mens se vingerafdrukke is uniek. "Daktiloskopie" is die woord wat gebruik word vir die bestudering van vingerafdrukke om misdadigers te iden-tifiseer.

JOU SKELET

Die skelet, of geraamte, help om jou regop te hou, en dis ook die hegplek vir die meeste van die spiere en senuwees. 'n Mens se geraamte weeg omtrent 1/6 van jou totale liggaamsgewig.

'n Baba word met meer as 300 bene in sy of haar lig-gaampie gebore. Baie van dié bene groei later saam, sodat jy as 'n volwasse mens net 206 bene het. Dié 206 bene is nie eweredig oor die liggaam versprei nie. Die skedel alleen bevat 22 bene, die voete het elk 28 bene, en die hande elk 26 bene.

Die bene wissel ook van baie groot na baie klein. Die kleinste beentjie in jou liggaam is die stiebeuel in jou oor. Dis maar 3 mm lank. Die grootste been is die dybeen, wat gemiddeld 50 cm lank is. As 'n mens loop, is die drukking op elke dybeen gelyk aan die massa van 'n Afrika-olifant-bul!

Jou voete bevat 'n kwart van al die bene in jou lig-gaam, en jou voet is net so lank soos die afstand tussen jou pols en die binnekant van jou elmboog.

Die enigste been in jou liggaam wat nie met 'n ander been verbind is nie, is die gaapbeen, of tongbeen, 'n V-vormige been in die keel tussen die kakebeen en die stemkas. Dit ondersteun die tong en sy spiere.

JOU SPIERE

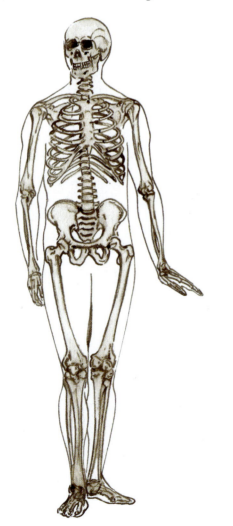

Hettie Grobler

Hettie Grobler

'n Mens gebruik 17 spiere om te glimlag, en 43 om te frons! As jy stap, gebruik jy 200 spiere.

Jou liggaam het ongeveer 639 spiere, wat 40% van jou liggaamsgewig uitmaak. Die langste spier is die sarto-riusspier, wat van die heup tot onder die knie loop en 'n mens help om kruisbeen te sit. (Dis die posisie waarin kleremakers gesit het, en hulle was bekend as "sartors".)

Die gluteus maximus (boudspier) is die grootste spier, terwyl die stiebeuelspier in die oor maar 1,27 mm lank is.

Spiere kan nie drukkrag uitoefen nie, net trekkrag.

JOU BLOEDSOMLOOP

As al die bloedvate in jou liggaam in 'n reguit lyn gelê kon word, sou dit 96 560 km ver strek. Dis meer as twee keer om die aarde!

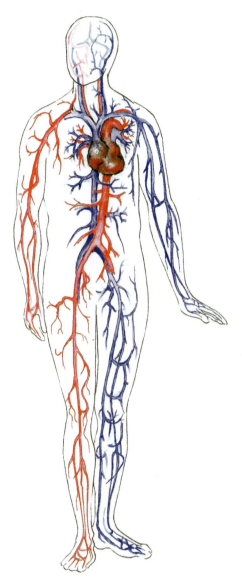

Hettie Grobler

Die bloedvate in jou liggaam word are en slagare genoem. Hierdie are is baie dik — die aorta het 'n deursnee van 2,5 cm — maar dit vertak en word al dunner, tot waar die haarvaatjies (haarfyn bloedvaatjies) by die verste uithoeke van die liggaam uitkom. Jou liggaam bevat tussen 4,5 en 6 ℓ bloed — omtrent $^1/_{11}$ van jou liggaamsgewig.

In 'n gemiddelde gesonde mens bestaan omtrent 45% van die bloed uit witbloedselle, rooibloedselle en plaatjies, en die res uit bloedplasma. Daar is omtrent 5 miljoen rooibloedselle in elke druppel bloed. Die plasma bevat voedingstowwe soos glukose, vette, proteïene en aminosure. Die soutvlak van ons bloed is omtrent dieselfde as dié van seewater.

Die algemeenste bloedsoort in die wêreld is O. Die skaarsste, A-H, is nog maar net by omtrent 12 mense gekry.

Die kornea is een deel van jou liggaam wat geen bloedvoorsiening het nie. Dit neem suurstof direk uit die lug op. Volwasse mense se kraakbeen het ook geen bloedvate, senuwees of limfkanale nie. Die selle word deur sinoviale vloeistof gevoed.

JOU HART

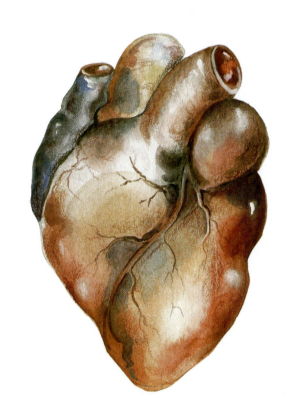

Hettie Grobler

Jou hart is omtrent so groot soos 'n vuis, en sit agter jou borsbeen, met sy punt na die regterkant toe. Dis hoekom jou linkerlong net twee lobbe het (jou regterlong het drie) — om plek te maak vir die hart.

Die hart is die sterkste spier in jou liggaam, en dit stoot met elke pomp 80 ml bloed uit. 'n Mens se hart klop 100 800 keer per dag. Elke dag sirkuleer die hart genoeg bloed om 170 baddens of 'n groot tenkwa vol te maak! Teen die tyd dat jy 72 jaar oud is, sal jou hart meer as 2,5 miljard keer geklop het.

Die hart het vier kamers, en die hartklop wat ons hoor, is die hartkleppe wat oop- en toemaak.

JOU LONGE

Die totale oppervlakte van die 700 miljoen mikroskopiese longsakkies, of alveoli, in 'n volwasse mens se longe is ongeveer 70 m² — omtrent so groot soos 'n derde van 'n tennisbaan. Jou lugweë sal uitgestrek 2 400 km lank wees.

'n Mens asem elke minuut 6 ℓ lug in, en jy haal omtrent 30 000 keer per dag asem.

In jou hele liggaam is daar net een orgaan wat lig

genoeg is om op water te dryf — jou longe (as hulle met lug gevul is).

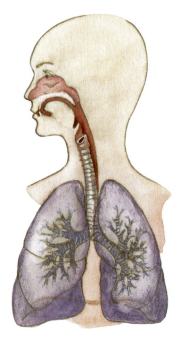

Hettie Grobler

JOU HARE EN NAELS

Hare en naels bestaan uit die proteïen keratien en het nie senuselle nie.

'n Gemiddelde mens het omtrent 100 000 hare, waarvan jy elke dag 40 tot 100 verloor. Elke haar op jou kopvel het 'n lewensduur van omtrent drie jaar. Ooghare word 150 dae oud.

Baardhare groei die vinnigste van alle liggaamshare. As 'n gemiddelde man nooit skeer nie, sal sy baard langer as 9 m word en bespaar hy sowat 3 000 uur se skeertyd! Hare groei omtrent 2 — 3 mm per week, en 'n haarbreedte is letterlik 0,053 cm.

Jou vingernaels groei vier keer so vinnig soos jou toonnaels, en 'n nael neem omtrent ses maande om van die agterkant van die nael tot by die vinger of toon se punt te groei.

Hettie Grobler

JOU OË

As 'n mens na iets kyk, gaan die lig deur die pupil in die oog in en die beeld word onderstebo op die retina gevorm, waar ligsensitiewe selle dit omskakel na senuweeprikkels, wat na die brein toe gaan. Jy "sien" dus iets in jou brein. Jou oë is 1 000 keer meer sensitief as die sensitiefste film, wat maak dat jy 'n brandende kers 1,6 km ver in die donker kan sien.

'n Baba knip nie sy of haar oë in die eerste paar maande na geboorte nie. Jy knip jou oë elke 2 tot 10 sekondes — gemiddeld 9 365 keer per dag. Teen 0,15 sekondes per oogknip is dit 'n totaal van 23 minute per dag.

Hettie Grobler

JOU MOND

Die sterkste spier, relatief tot sy grootte, is die tong. Elke mens het 'n unieke tongafdruk.

Jou tong is 10 cm lank, en jy het omtrent 1 000 smaakknoppies op jou tong. Jy proe sout aan weerskante van jou tong se voorkant, soet op die punt van jou tong, suur weerskante agter, en bitter agter in die middel van jou tong.

Teen die ouderdom van 60 het die meeste mense al die helfte van hulle smaakkliere verloor. Jou speekselkliere produseer elke dag een liter speeksel, wat beteken dat jy in 'n leeftyd genoeg speeksel produseer om twee swembaddens vol te maak.

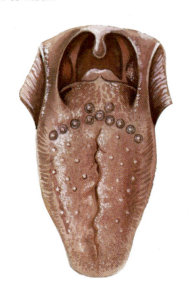

Hettie Grobler

Nog interessanthede...

- Dis onmoontlik om met oop oë te nies. 'n Engelse vrou het 'n niesaanval gehad wat 30 maande geduur het. In dié tyd het sy 2,7 miljoen keer genies. As 'n mens hoes, beweeg die lug teen 'n snelheid van 96 km/h uit jou mond, en as jy nies, beweeg die lug en druppeltjies teen 160 km/h!
- Die lewer is die grootste orgaan in die mens se liggaam. Dit weeg ongeveer 1,4 kg, en dit het meer as 500 funksies.
- As jy kou, oefen jou kakebene 'n druk van meer as 14 kg/cm² uit om die kiestande weer by mekaar te kry.
- Die klank van 'n snork (dis nou as iemand behoorlik balke saag!) kan 69 desibel haal. Dis so hard soos 'n drilboor wat vir paaie gebruik word!
- 'n Mens neem omtrent 90 000 ℓ vloeistof in gedurende 'n gemiddelde leeftyd.
- Jou liggaam produseer genoeg hitte in een dag om 'n gloeilampie vir 'n dag en 'n half te laat brand.
- Die gemiddelde mens se liggaam bevat 24 elemente. Daar is genoeg
  - yster om 'n spyker van 7,5 cm te maak;
  - swawel om al die vlooie op 'n gemiddelde hond dood te maak;
  - koolstof vir 900 potlode;
  - vet vir sewe koekies seep;
  - fosfor vir 2 200 vuurhoutjies;
  - water vir 'n 38 ℓ-tenk.
- Die niere filtreer elke dag die onsuiwerhede uit 3 600 ℓ bloed — 45 baddensvol.
- 'n Mens kan tussen 2 000 en 4 000 verskillende reuke herken, en tot 10 000 reuke waarneem.
- 'n Gemiddelde mens eet ongeveer 50 000 kg kos in 'n leeftyd.
- Arme Adam Rainer! Hy was 'n dwerg én 'n reus. In 1920, toe Adam 21 was, het hy maar net 1,18 m in sy sokkies gestaan, maar toe het hy begin opskiet en teen 'n verstommende tempo bly groei tot hy 2,18 m lank was. Toe hy op die ouderdom van 51 dood is, was hy 2,34 m lank.
- Die wêreld se langste man was die reus Robert Wadlow van die VSA. Hy was 2,72 m van kroontjie tot toontjie!

Antwoorde

A ALGEMENE KENNIS

Maklik
1a Dokter
2b Tandarts
3a Hospitaal
4c Ambulans
5b Narkose

Medium
6   Stetoskoop
7   Die hart
8   Spiere
9   Tuberkulose
10 Oor, neus en keel

Moeilik
11 Sindroom
12 Lewer
13 Akupunktuur
14 Jou oë
15 Vitamiene

B SPESIALISTE

1e	Chiropodis	Voete
2d	Dermatoloog	Vel
3a	Gastroënteroloog	Maag en ingewande
4b	Hematoloog	Bloed
5c	Kardioloog	Hart
6g	Oftalmoloog	Oë
7j	Pediater	Kinders
8i	Neuroloog	Brein en senuwees
9h	Endokrinoloog	Hormone
10f	Ortopedis	Bene, gewrigte en spiere

C NOG 'N PAAR VRAE
1   Bakterieë
2   'n Allergie
3   Water
4   Aromaterapie
5   Chiropraktisyn
6   Refleksologie

4

Kom ons speel!

Sport

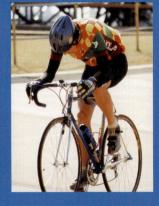

Inleiding

Sport is 'n wêreldtaal. Dit bring mense vanoor die hele wêreld by mekaar uit en doen baie om mense met verskillende agtergronde en van uiteenlopende kulture met mekaar in aanraking te bring. Dit hou mense fiks en laat hulle langer lewe, dit laat hulle ontspan, en dit gee toeskouers én deelnemers iets om te geniet. Daar is ook letterlik 'n sportsoort vir elke mens. Maak nie saak of jy klein of groot, maer of minder maer, lank of kort, oud of jonk is nie – êrens is daar 'n nommerpas sportsoort wat jy kan geniet.

A ALGEMENE KENNIS

Maklik

1. In watter sportsoort hardloop 'n mens om 'n baan wat gewoonlik 400 m lank is?
   a Atletiek   b Tennis   c Polo
2. In watter sportsoort kry 'n mens boulers, kolwers en veldwerkers?
   a Sokker   b Krieket   c Rugby
3. Wat noem 'n mens die enigste sokkerspeler wat die bal met sy hande mag hanteer?
   a Doelwagter   b Skakel   c Vleuel
4. Wat noem 'n mens die gaatjie waarin gholfspelers die gholfbal moet slaan?
   a Bakkie   b Putjie   c Poeletjie
5. Watter kleur is die tennisbal waarmee spelers in groot toernooie, soos Wimbledon, speel?
   a Rooi   b Wit   c Geel

Medium

6. In watter sport wat 'n mens met 'n stok en 'n ronde bal speel, moet jy die bal in 'n doelhok slaan?
7. Hoeveel spelers is daar in 'n netbalspan?
8. Wat noem 'n mens die platform met die toue om waarin twee boksers teen mekaar boks?
9. In watter sport het Suid-Afrika se Penelope Heyns 'n hele handvol wêreldrekords opgestel?
10. Hoeveel spelers is daar in 'n bofbalspan?

Moeilik

11. In watter sport rol spelers ronde balle na 'n kleiner wit balletjie toe?
12. Hoeveel snoekerballe is daar op die tafel as 'n mens met 'n pot snoeker begin?
13. Watter sportsoort speel 'n mens met spane en 'n ligte plastiekballetjie?
14. In watter sportsoort moet die deelnemers van Kaapstad af tot by Rio de Janeiro reis?
15. Aan watter sportsoort waarvoor 'n mens 'n perd nodig het, neem Brittanje se prins Charles deel?

Al die antwoorde verskyn aan die einde van die hoofstuk.

Antwoorde

A. ALGEMENE KENNIS

Alles en nog wat

1. In watter sportsoort hardloop 'n mens om 'n baan wat gewoonlik 400 m lank is?
   a Atletiek

Atletiek is 'n baie gewilde sportsoort omdat enigiemand van enige ouderdom daaraan kan deelneem. Daar is twee soorte items: baannomers en veldnommers. Die vinnigste atlete neem aan baannommers deel en hardloop afstande soos 100 m, 200 m en 400 m. Atlete wat langer asems het, hardloop langer afstande, soos 800 m, 1 500 m, 5 000 m en 10 000 m. Party atlete hardloop selfs 'n marathon, wat meer as 42 km is.

Groter en sterker atlete kan aan veldnommers soos diskusgooi, gewigstoot, spiesgooi en hamergooi deelneem, en atlete wat lekker soepel is, kan kragte meet in paalspring, hoogspring, verspring en hekkies. Atlete wat iets van alles kan doen, neem gewoonlik deel aan die tienkamp (mans) en sewekamp (vroue).

Ronell van Rooyen

Het jy geweet?

- Die atleet wat die wêreldrekord vir die 100 m hou, is baie vinnig — maar hy is nie vinnig genoeg om vir 'n olifant óf 'n renoster weg te hardloop nie! Selfs 'n kat hardloop vinniger as 'n mens. Die wêreld se vinnigste man, Tim Montgomery, kon die 100 m in 9,78 sekondes aflê — dit wil sê hy het 36,809 km/h gehardloop. Die vinnigste vrou was Florence Griffith-Joyner, wie se tyd van 10,49 sekondes vir die 100 m beteken dat sy 29,10 km/h gehardloop het. Enige ou olifant kan teen meer as 40 km/h voortdreun! En 'n huiskat se topspoed? Omtrent 48 km/h.

- Die marathon is vernoem na Marathon in Griekeland omdat die atleet Pheidippides in 490 vC van Marathon na Athene gehardloop het met die nuus dat die Grieke 'n veldslag teen die Perse gewen het. Volgens party stories het hy dood neergeslaan na sy uitputtende "marathon".

- Die marathon-afstand vir die eerste drie Olimpiese Speles was 40 km (1896), 40,26 km (1900) en 40 km (1904). Vir die 1908 Spele in Londen het die organiseerders besluit dat die marathon by die Windsor Kasteel moes begin en by White City in Shepherd's Bush moes eindig, wat 'n afstand van 26 myl is. Nog 385 treë is bygevoeg sodat die wedloop presies voor koning Edward VII en koningin Alexandra se koninklike losie kon eindig. Dié afstand, wat 42,195 km was, is daarna as die amptelike standaardafstand vir die marathon gebruik.

2 In watter sportsoort kry 'n mens boulers, kolwers en veldwerkers?

b Krieket

Krieket is 'n sportsoort wat al eeue lank in Engeland gespeel word. 'n Krieketspan het 11 spelers, en gewoonlik kan die meeste van hulle goed kolf, en 'n paar baie goed boul. Party boul baie vinnig — meer as 160 km/h — terwyl ander stadiger boul, maar die bal baie laat draai.

Die span wat kolf, probeer om soveel as moontlik lopies aan te teken, terwyl die ander span die kolwers probeer uithaal. Daar is tien maniere waarop kolwers uitgehaal kan word. Die vyf algemeenste maniere is geboul, uitgevang, been-voor-paaltjie, gestonk en uitgehardloop. Die kolwer kan ook sy eie paaltjies raakslaan, obstruksie pleeg (wanneer hy 'n veldwerker verhinder om 'n vangkans te benut), die bal hanteer, die bal twee keer slaan, en hy kan uit wees as hy nie binne drie minute nadat die vorige kolwer uit is, op die speelveld verskyn nie.

As al die kolwers van die een span uit is, begin die ander span kolf. In 'n toets kry elke span twee kolfbeurte, en die wedstryd duur vyf dae; in eendaagse internasionale wedstryde kry elke span 50 boulbeurte van ses balle elk, en die tweede span moet die eerste span se telling verbysteek om te wen. Suid-Afrika is in twee agtereenvolgende Wêreldbekertoernooie uitgeskakel as gevolg van 'n gelykopuitslag.

Andrzej Sawa

Het jy geweet?

- Die vinnigste boulers boul vinniger as 160 km/h. Dit beteken dat die bal binne 0,4498 sekondes van die bouler se hand tot by die kolwer blits ('n afstand van 20,12 m). In dié tyd moet die kolwer sy kolf lig, besluit watter hou om te speel én die besluit uitvoer!

- Die eerste krieketwedstryd tussen spanne van twee lande is al in 1840 gespeel. Dit was tussen Kanada se Toronto Cricket Club en die VSA se St George's Cricket Club van New York.

- Die eerste internasionale wedstryd is in 1844 in New York tussen Kanada en die VSA gespeel. Kanada, wat met 23 lopies gewen het, se prysgeld was $1 000.

- Die eerste oorsese krieketspan wat in Engeland gespeel het, was 'n Australiese Aborigine-span, wat 14 van hulle 47 wedstryde gewen en 14 verloor het. Die spelers was bekend as Peter, Sundown, Mullagh en Dick-a-Dick — maar dit was net omdat die Engelse gesukkel het om Jungunjinanuke, Arrahmunijarrimun, Unaarrimin en Ballrinjarrimin uit te spreek!

- Suid-Afrika se krieketkaptein, Graeme Smith, is op 22 jaar die jongste krieketspeler wat ooit 'n Suid-Afrikaanse toetsspan aangevoer het. Hy het sy kapteinskap behoorlik gevier toe hy in agtereenvolgende toetse teen Engeland dubbele honderdtalle aangeteken het, en die Suid-Afrikaanse rekord vir die meeste lopies in 'n enkele toetsbeurt, wat deur Gary Kirsten en Darryl Cullinan gehou is, tot 277 verbeter het. Smith het ook 'n wêreldrekord van 621 lopies in 3 agtereenvolgende beurte opgestel.

3   Wat noem 'n mens die enigste sokkerspeler wat die bal met sy hande mag hanteer?

  a Doelwagter

Die eerste verwysings na 'n soort sokker kom uit Sjina, waar geskrifte van sowat 2 500 jaar gelede praat van 'n spel wat bekend was as Tsu Chu. Tsu beteken "om te skop", en Chu verwys na die opgeblaasde bal van diervel wat die spelers tussen 10 m hoë pale probeer deurskop het.

'n Sokkerspan het net soveel spelers soos 'n krieketspan (11), maar mag plaasvervangers gebruik in die plek van spelers wat op die veld is. Daar is twee doelhokke op die veld, en die een span probeer die ronde bal in die ander se doelhok inskop. 'n Sokkerspeler mag die bal met enige deel van sy lyf behalwe sy hande speel. Die doelwagter is die enigste speler wat die bal mag vang en met sy hande mag speel, en ook net in 'n sekere gebied. Die span wat die meeste doele aanteken, is die wenners.

Die belangrikste sokkertoernooi is die Wêreldbeker-toernooi, wat elke vier jaar gehou word. Brasilië het al vyf keer die Wêreldbekertoernooi gewen (in 1958, 1962, 1970, 1994 en 2002).

Andrzej Sawa

Het jy geweet?

- Die meeste mense wat nog by 'n sokkerwedstryd was, was die 199 854 wat in 1950 in die Maracanã Munisipale Stadion in Rio de Janeiro was toe Brasilië in die Wêreldbeker-eindstryd teen Uruguay gespeel het.

- 'n Sokkerveld is reghoekig, en mag nie langer as 120 m wees nie en nie korter as 90 m nie. Die maksimum breedte van die veld is 90 m, en die minimum breedte is 45 m.

- Suid-Afrika se nasionale spanne het interessante byname. Die manspan is Bafana Bafana ("Seuns Seuns"), die vrouespan se naam is Banyana Banyana ("Meisies Meisies"), die onder 23-span is die AmaGlug-Glug (na aanleiding van 'n petrol-advertensie), en die nasionale onder 20-span is die Amajita.

4   Wat noem 'n mens die gaatjie waarin gholfspelers die gholfbal moet slaan?

  b Putjie

Andrzej Sawa

Gholf is 'n sportsoort waaraan spelers gewoonlik op hulle eie deelneem. In groot gholftoernooie speel elke speler 18 putjies in 'n ronde, en die een wat ná vier rondes (72 putjies) die minste houe nodig gehad het, is die wenner.

'n Speler mag 14 gholfstokke in sy sak hê. Met party stokke (wat "houte" genoem word) kan hy die bal meer as 350 m ver slaan, en met ander (wat "ysters" genoem word) kan hy die bal ver of hoog in die lug in slaan. As hy op die setperk kom, gebruik hy sy setstok om die bal tot in die putjie te laat rol.

Gholfspelers soos Tiger Woods en Ernie Els, wat baie goed speel, verdien elke jaar miljoene dollars op die gholf-baan.

Het jy geweet?

- Wanneer 'n gholfbal afgeslaan word, bereik dit 'n snel-heid van tot 270 km/h.
- Die vier groot gholftoernooie (die sogenaamde Majors) vir individuele mans is die Amerikaanse Ope, die Amerikaanse PGA, die Amerikaanse Meesters en die Britse Ope.
- Vir vroue is die vier belangrikste toernooie die Dinah Shore Toernooi, die Amerikaanse Vroue-ope, die LPGA Kampioenskapstitel en die Du Maurier Classic.
- Ted Hoz van Baton Rouge, Louisiana, VSA, het die wêreld se grootste versameling gholfballe. In die afge-lope twee dekades het hy al 69 384 balle bymekaarge-maak!
- In 2000 het Tiger Woods 'n totaal van $9 188 321 op die gholfbaan verdien.
- Daar word elke jaar 1 000 nuwe gholfbane die wêreld oor gebou.
- Daar is 50 miljoen gholfspelers in die wêreld. Hulle gemiddelde rondetelling is 107 houe.
- Meer as 17 000 van die wêreld se omtrent 30 000 gholfbane is in die VSA. Sjina, met 'n bevolking van 1,266 miljard, het net 100 gholfbane.

5   Watter kleur is die tennisbal waarmee spelers in groot toernooie soos Wimbledon speel?

c Geel

Die tennisballe wat in groot toernooie gebruik word, word van rubber gemaak. Dis hol, en het geelgroen vilt (die "hare") aan die buitekant. Die binnekant van 'n ten-nisbal het 'n volume van 68,82567 cm³.

Tennisspelers speel in 'n enkelspel teen net een ander speler, en in 'n dubbelspel speel hulle saam met 'n span-maat teen twee ander spelers. Een speler slaan af, en die eerste een wat vier punte wen, wen 'n pot of spel. Die telling in tennis is stroop, 15, 30, 40, en gelykop as twee spelers altwee 40 het. Die speler wat dan 'n punt kry, het "voordeel". As 'n speler ses potte gewen het, wen hy of sy

Andrzej Sawa

'n stel, en in groot toernooie wen die eerste speler wat drie stelle wen, die wedstryd. As die speltelling in 'n stel ses elk is, speel die spelers 'n valbylpot totdat een speler sewe punte het (en twee punte voor die ander speler is).

Die vier belangrikste tennistoernooie is Wimbledon, die Amerikaanse Ope, Australiese Ope en Franse Ope.

Het jy geweet?

- Greg Rusedski van Brittanje het in 1998 'n tennisbal teen 239,8 km/h afgeslaan!
- Serena Williams (VSA) hou die vrouerekord: sy het in 1998 'n tennisbal teen 205 km/h afgeslaan.
- 'n Speler behaal 'n Grand Slam wanneer hy of sy die vier belangrikste tennistoernooie in dieselfde kalen-derjaar wen. Die vier vroue wat dit tot op datum kon regkry, was Maureen Connolly (VSA) in 1953, Margaret Court (Australië) in 1970, Martina Navrátilová (VSA) in 1983/84, en Steffi Graf (Duitsland) in 1988. Graf het in dié jaar ook die goue medalje by die Olimpiese Spele gewen.
- Don Budge (VSA) het die Grand Slam in 1936 gewen. Rod Laver (Australië) het dit in 1962 as amateur reggekry, en weer in 1969 as 'n beroepspeler.

6   In watter sport wat 'n mens met 'n stok en 'n ronde bal speel, moet jy die bal in 'n doelhok slaan?

Hokkie

Hokkie is 'n spel wat baie ooreenstem met sokker, maar die spelers slaan 'n kleiner bal en met stokke wat krom onderkante het. Die hokkiestok se kop mag nie langer as 10 cm wees nie, maar die stok kan enige lengte wees — solank dit net nie meer as 794 g weeg nie.

Dit is moontlik dat 'n stok-en-bal-spel soos hokkie al duisende jare gelede in Persië, Griekeland, Egipte en Arabië gespeel is. Vandag is daar ook ander sportsoorte wat baie na aan hokkie is: *hurling*, wat in Ierland gespeel word, en *shinty*, in Skotland.

Yshokkie is 'n vinnige spel wat op 'n ysskaatsbaan gespeel word deur spelers op ysskaatse. Hulle teken doele aan met 'n ronde rubberskyf (*puck*) wat in 'n doelhok geslaan word. Dié skyf kan teen 'n snelheid van tot 190 km/h trek. Dis 30 km/h vinniger as 'n hokkiebal of 'n blitsbal in krieket.

Het jy geweet?

- Manshokkie is al van 1908 af 'n Olimpiese sportsoort, maar vrouehokkie het eers in 1980 Olimpiese status gekry.
- Rolskaatshokkie word op rolskaatse gespeel deur spanne van vyf. Die reëls verskil nie veel van dié van gewone hokkie nie, en die speelveld is bedek met teer of hout.
- Die rubberskyf wat in yshokkie gebruik word, word gevries voor 'n wedstryd om van 'n bietjie van die rubber se wip ontslae te raak.

Beeld/Lee Warren

Beeld/Leon Botha

8   Wat noem 'n mens die platform met die toue om waarin twee boksers teen mekaar boks?
   Bokskryt

'n Bokskryt se kante is gewoonlik 6,096 m lank, en daar is drie of vier toue tussen die vier hoekpale. Beroepsboksers se handskoene weeg 226,8 g elk, en amateurboksers se handskoene 283,5 g elk. 'n Ronde duur drie minute, en die boksers mag een minuut rus tussen rondes. 'n Beroepsgeveg duur gewoonlik 12 rondes, en amateurgevegte drie rondes.

   Suid-Afrika se eerste wêreldkampioen was Vic Toweel, wat in 1950 die kapokgewigtitel gewen het.

7   Hoeveel spelers is daar in 'n netbalspan?
   Sewe

Netbal is 'n sportsoort wat in 1891 uit basketbal ontwikkel het en byna net deur vroue gespeel word. In netbal moet die spelers stilstaan sodra hulle die bal ontvang, en daarna mag hulle net een voet beweeg. 'n Speler mag die bal ook nie langer as drie sekondes vashou nie.

   Netbal word met 'n sokkerbal gespeel, en net twee spelers, naamlik die doel en hulpdoel, mag doele aanteken. Elke speler mag ook net in 'n bepaalde gebied speel. Die doelpaal is 3,05 m hoog, en die ring waardeur die bal gegooi moet word vir 'n doel, het 'n deursnee van 38 cm.

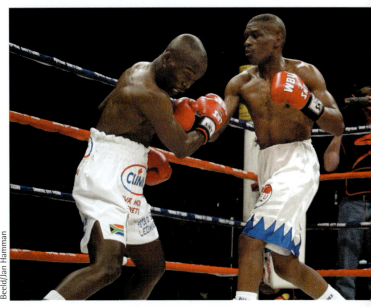

Beeld/Jan Hamman

Het jy geweet?
Suid-Afrikaanse wêreldbokskampioene het baie interessante byname. Hier is 'n paar van die bekendstes:
- Peter "Terror" Mathebula
- Dingaan "Rose of Soweto" Thobela
- Jacob "Baby Jake" Matlala
- Vuyani "The Beast" Bungu
- Francois "Wit Buffel" Botha
- Thulani "Sugarboy" Malinga
- Lehlohonolo "Hands of Stone" Ledwaba
- Zolani "The Tiger" Petelo
- Mpush "Lion King" Makambi
- Masibulele "Hawk" Makepula
- Jacob "Silent Destroyer" Mofokeng
- "Wee Willie Wele" Maqolo

9 In watter sport het Suid-Afrika se Penelope Heyns 'n hele handvol wêreldrekords opgestel?
Swem

Wêreldrekords in swem word net erken as dit in 50 m lange swembaddens opgestel is. Dit staan ook bekend as langbad-rekords, terwyl die rekords wat in 25 m lange swembaddens opgestel word, kortbad-rekords is. Die standaard Olimpiese swembad is 50 m lank en het agt tot tien bane, waarvan net agt gebruik word. Die vier swemstyle is vryslag, wat die vinnigste styl is, borsslag, rugslag en vlinderslag.

Penny Heyns het die goue medaljes vir die 100 m en 200 m borsslag gewen op die 1996 Olimpiese Spele in Atlanta. Vier jaar later in Sydney het sy 'n bronsmedalje vir die 100 m borsslag gewen. In 1999 het sy 11 wêreldrekords binne nege weke opgestel, en by die 1999 Pan-Pasifiese Kampioenskap het sy vyf wêreldrekords in vyf agtereenvolgende items verbeter.

Karen Muir was een van Suid-Afrika se blinkste swemsterre. Sy was slegs 12 jaar, 10 maande en 25 dae oud toe sy haar eerste wêreldrekord in die 110 treë rugslag in Blackpool, Engeland opgestel het. Tussen 1965 en 1970 het sy 18 wêreldrekords verbeter.

Het jy geweet?
- Die wêreld se vinnigste swemmer in die 50 m vryslag haal maar 'n snelheid van 8,318 km/h. Die vinnigste vis is die seilvis, wat in een geval al 109 km/h gehaal het!
- Swemmers duik vir drie van die vier style van wegspringblokke af in die water. Vir rugslag is hulle reeds in die water wanneer hulle wegspring.

10 Hoeveel spelers is daar in 'n bofbalspan?
Nege

Bofbal is 'n Amerikaanse sportsoort wat ontstaan het uit stok-en-bal-spele wat al eeue oud is, en word deesdae op 'n diamantvormige veld gespeel. Die eerste bofbalklub in die VSA, die Knickerbocker Base Ball Club, is in 1842 gestig, en die lede het 'n stel van 20 reëls uitgewerk.

Die rekord vir die meeste bofhoue (*home runs*) wat in een seisoen aangeteken is, is 73. Barry Bonds van San Francisco het dit in 2001 reggekry. Sy pa was ook 'n bofbalspeler, en sy oupa was Willie Mays, 'n beroemde veelsydige speler. Bonds het 'n rekord verbeter wat deur Mark McGwire opgestel is.

Het jy geweet?
- Die vinnigste bal wat nog in 'n bofbalwedstryd gegooi is, het teen 164,15 km/h deur die lug getrek!
- Die bal waarmee Mark McGwire sy 70ste bofhou geslaan het, hou die wêreldrekord vir die waardevolste bofbal. Die bofbalondersteuner wat die bal gevang het, Phil Ozersky, het dit op 'n veiling aan die sakeman Todd Farmer verkoop — vir 'n allemintige $3 054 000!

11 In watter sport rol spelers ronde balle na 'n kleiner wit balletjie toe?
Rolbal

Die antieke Egiptenare het al duisende jare gelede 'n spel soos rolbal gespeel, en die eerste rolbalbane in Engeland is al voor die begin van die 13de eeu gebruik.

Rolbal word op 'n gelyk grasoppervlak gespeel, en spelers rol groterige ronde balle, wat hoogstens 1,59 kg weeg, na 'n klein wit balletjie toe. Die balle is effens platter aan die een kant en rol dus met 'n effense boog na die wit bal toe. Die wit bal se Engelse name is *jack, cot* en *kitty*. Die doel van die spel is om soveel as moontlik balle so na as moontlik aan die wit bal te rol.

Beeld/Deaan Vivier

Andrzej Sawa

12 Hoeveel snoekerballe is daar op die tafel as 'n mens begin met 'n pot snoeker?

22

Daar is 15 rooi balle op die snoekertafel as die spel begin, asook 6 ander kleurballe — geel (2 punte), groen (3 punte), bruin (4 punte), blou (5 punte), pienk (6 punte) en swart (7 punte) — en 'n wit bal, waarmee al die ander balle gesink word. Die hoogste telling wat 'n speler kan kry as hy al die balle sink, is 147. Ronnie O'Sullivan het dit al binne 5 minute en 20 sekondes reggekry! Tony Drago het in 'n oefenwedstryd 149 punte aangeteken toe

hy 'n "vry bal" ook gesink het. Die meeste punte wat met die hulp van so 'n "vry bal" aangeteken kan word, is 155. Die spel snoeker het in 1875 in die suide van Indië ontstaan toe kolonel sir Neville Bowes Chamberlain elemente van drie speletjies saamgegooi het. Die woord "snoeker" kom van 'n naam vir onhandige weermagrekrute.

13 Watter sportsoort speel 'n mens met spane en 'n ligte plastiekballetjie?

Tafeltennis

Tafeltennis het in Engeland ontstaan, en was eers bekend as Gossima(r), Whiff-Whaff en Flim-Flam voordat dit die handelsnaam Ping-Pong gekry het. Die spane was eers net van hout gemaak, maar is later met lap, leer of sandpapier oorgetrek, en die bal was sommer 'n sjampanjeprop. Later is rubberballe met knoppies ook gebruik voordat die ligte wit of geel plastiekballe algemeen begin gebruik is.

Vandag is daar meer as 40 miljoen tafeltennisspelers wêreldwyd. Van 1930 tot 1950 is dié sport in Rusland verbied omdat dit glo skadelik vir die oë sou wees!

14 In watter sportsoort moet die deelnemers van Kaapstad af tot by Rio de Janeiro reis?

Seiljagvaart

Die wêreld se eerste seiljagklub was Ierland se Royal Cork Yacht Club, wat eers die Cork Water Club was. Die oudste seiljagklub wat nog steeds bestaan, is die Royal Yacht Squadron, wat in 1815 op Wight-eiland gestig is. Die Hundred Guineas Cup, die eerste internasionale seiljagvaartbyeenkoms, is in 1851 rondom Wight-eiland gehou. Die New York Seiljagklub se skoener *America* was die wenner, en die trofee is in 1857 die America's Cup genoem. Die Amerikaners het dié beker 132 jaar lank suksesvol verdedig voordat *Australia II* dit in 1983 afgeneem het. Die America's Cup is daarna weer deur die VSA se *Stars & Stripes* en America 3 gewen, maar toe het Nieu-Seeland se *Black Magic* dit gewen én suksesvol verdedig. In 2003 het die Switserse uitdager *Alinghi* die trofee verower.

Die eerste Kaap na Rio-wedvaart het in Januarie 1971 in Tafelbaai begin. Meer as 60 vaartuie vanoor die hele wêreld het deelgeneem aan dié vaart, wat in Rio de Janeiro se Guanabara Baai geëindig het.

Het jy geweet?

• Die wêreld se grootste seiljag is Saoedi-Arabië se koninklike jag, die *Abdul Aziz*, wat in Denemarke gebou is en 147 m lank is. Dié reuse jag is meer as US$100 miljoen werd.

• In Brittanje is seiljagvaart die sport met die tweede

meeste deelnemers ná hengel. Daar is 3,4 miljoen booteienaars in Brittanje, en 750 000 mense wat aktief seil. Dié klein landjie het 1 350 seiljagklubs en 1 500 seiljagskole, en die seiljagmark se omset word op £2,5 miljard per jaar geskat.

15 Aan watter sportsoort waarvoor 'n mens 'n perd nodig het, neem Brittanje se prins Charles deel?
Polo

Polo het die grootste speelveld van alle sportsoorte: dit kan 274,3 m lank en 182,9 m breed wees! Dit word ook as die wêreld se oudste spansport beskou: dit is meer as 2 000 jaar gelede al deur soldate in Sentraal-Asië gespeel.

Polo word ook op ander diere as perde gespeel. Daar is 'n jaarlikse wêreldkampioenskap vir olifantpolo in Nepal, waaraan agt spanne vanoor die hele wêreld deelneem! Daar is selfs polotoernooie waarin die deelnemers op motorfietse ry. Waterpolo is weer 'n variasie van dié sportsoort wat in water plaasvind.

Polospelers mag die hamers waarmee hulle die bal slaan, net in die regterhand vashou.

Het jy geweet?
• Prins Charles is 'n baie geesdriftige polospeler en ruiter, al is hy oor die jare al 'n hele paar keer beseer nadat hy en sy perd se weë onverwags geskei het. Hy het al harsingskudding opgedoen, 'n rib en sy skouerbeen gebreek, sy arm op twee plekke gebreek en 'n rugbesering opgedoen.

Andrzej Sawa

Antwoorde

A ALGEMENE KENNIS

Maklik
1a   Atletiek
2b   Krieket
3a   Doelwagter
4b   Putjie
5c   Geel

Medium
6   Hokkie
7   Sewe
8   Bokskryt
9   Swem
10   Nege

Moeilik
11   Rolbal
12   22
13   Tafeltennis
14   Seiljagvaart
15   Polo

5

Verbeel jou net!

Uitvindings en tegnologie

Om iets uit te vind, het jy 'n goeie verbeelding en 'n hoop rommel nodig.

— Thomas Alva Edison, Amerikaanse uitvinder (1847 - 1931)

Alles wat uitgevind kan word, is reeds uitgevind.

— Charles H. Duell, kommissaris van die Amerikaanse patentekantoor, toe hy in 1899 voorgestel het dat daar weggedoen moet word met dié kantoor

Inleiding

Ons lewe in 'n wonderlike wêreld wat baie klein geword het, danksy al die moderne kommunikasiehulpmiddels en blitsige vervoermetodes. Dink net: skaars 150 jaar gelede was daar nie sprake van vliegtuie, motors, ruimtetuie of kommunikasiemiddels soos telefone, televisie of radio nie. En 'n skamele 30 jaar gelede was daar nog nie 'n enkele IT-maatskappy nie en was die wêreld nog sonder internet en e-pos, Playstations, selfone, SMS'e, CD's, DVD's, CD-ROMs, musiekvideo's en Walkmans. Al dié tegnologiese wonders het êrens as blote gedagtes ontstaan, en die uitvinders het ure, weke, maande, selfs jare hard gewerk om dit te verfyn en só te verander dat almal dit kan gebruik. Hier is 'n kykie na die wêreld van uitvindings en tegnologie.

A ALGEMENE KENNIS

Maklik

1. 'n Mens kan daardeur sien, dit breek maklik, en bottels en breekgoed word daarvan gemaak. Wat is dit?
   a Glas   b Hout   c Metaal
2. Wat noem ons die klein, ronde glasbol in ons huise wat ons in 'n houer vasskroef en wat lig uitstraal?
   a Skakelaar   b Gloeilamp   c Kragdraad
3. Wat noem ons die reghoekige kassie waarop ons na die nuus, rolprente en ander programme kyk?
   a Radio   b Walkman   c Televisie
4. Wat gebruik ons wanneer ons in ons huise sit en met iemand wil praat wat duisende kilometers van ons af is?
   a Telefoon   b Televisie   c Teleskoop
5. Wat noem ons die apparaat met 'n lugdraad wat in ons huise en motors is en wat ons aanskakel sodat ons na musiek, inbelprogramme of nuus kan luister?
   a Selfoon   b Rekenaar   c Radio

Medium

6. Waarvoor staan die afkorting "www" wat 'n mens intik as jy 'n webwerf wil besoek?

7. Watter moderne elektroniese hulpmiddel is al in 1830 deur Charles Babbage uitgedink, maar eers meer as 110 jaar later vir die eerste keer gebou?
8. In watter jaar is die eerste selfoon gebruik: 1973, 1983 of 1993?
9. Op watter alledaagse tegnologiese hulpmiddel is terme soos "35 mm" en "SLR" (of "ELR") van toepassing?
10. In watter dekade van die 20ste eeu is die CD, of kompakskyf, wat deur Philips en Sony ontwikkel is, aan die wêreld bekendgestel?

Moeilik

11. Watter uitvinding van die Nederlandse oogkundige Hans Lippershey is deur Galileo Galilei gebruik om Jupiter se mane te ontdek?
12. Watter handelsnaam gebruik ons vir die haak-en-lussie-vasmaakmiddel aan klere en skoene wat baie maklik met 'n skeurgeluid losgemaak kan word?
13. Watter hulpmiddel wat in die kombuis gebruik word, is ontdek toe dit 'n sjokoladestafie in iemand se baadjiesak laat smelt het?
14. In watter eeu het polshorlosies die eerste keer hulle verskyning gemaak?
15. Watter baie algemene, alledaagse stof is oorspronklik van hars gemaak wat afkomstig is van plantmateriaal soos sellulose, oliesaad en steenkool, en later veral van petrochemiese stowwe?

Al die antwoorde verskyn aan die einde van die hoofstuk.

Antwoorde
A. ALGEMENE KENNIS
Alles en nog wat

1 'n Mens kan daardeur sien, dit breek maklik, en bottels en breekgoed word daarvan gemaak. Wat is dit?
   a Glas

Natuurlike glas het nog altyd bestaan, en die oermense se implemente was moontlik al vorms van glasgesteente wat deur hoë temperature veroorsaak is. Volgens die geskiedskrywer Plinius het Feniciërs, wat teen 5000 vC kos op sand gekook het, glo uitgevind dat die sand onder die vuur in glas verander het. Die res is, soos die uitdrukking lui, geskiedenis.

Die vroegste mensgemaakte glas was dalk al so vroeg soos 3500 vC langs die Middellandse Seekus bekend. Die oudste voorbeelde van glasvoorwerpe kom uit die 16de eeu vC en is in Mesopotamië gevind. Die kuns van glasblaas het tussen 27 vC en 14 nC in Sirië ontstaan, en dit het baie bygedra tot die gewildheid van glasvoorwerpe.

Die Romeine het begin om glas in hulle bouwerke te gebruik nadat deursigtige of helder glas teen omtrent 100 nC in Aleksandrië ontdek is.

Dit is waar dat glas van sand gemaak word! As 'n mens sand, kalk en soda (of potas) saam in 'n oond verhit, smelt dit en vorm dit glas. 'n Mens kan verskillende soorte glas maak deur die bestanddele te verander. As 'n mens weer dié glas verhit, kan dit maklik hanteer en gevorm word.

Ronell van Rooyen

Die Amerikaanse uitvinder Thomas Edison was die eerste persoon wat 'n suksesvolle gloeilamp gepatenteer het (in 1879). Dié gloeilamp se gloeidraad was van 'n katoen-vesel wat met koolstof oorgetrek was.

Sê wie?

Hoe kan hy [Thomas Alva Edison] dit 'n wonderlike sukses noem as enigiemand wat iets van die onderwerp af weet, duidelik kan sien dis 'n mislukking?
— Henry Morton, fisikaprofessor aan die Stevens Instituut vir Tegnologie (1879)

[Edison se idees is] goed genoeg vir ons Transatlantiese vriende… maar dis nie iets waaraan praktiese mense of wetenskaplikes aandag behoort te gee nie.
— Verslag van 'n komitee wat deur die Britse parlement aangestel is om Edison se uitvinding van die gloeilamp te ondersoek (1878)

Het jy geweet?

- Metaaloksied kan by glas gevoeg word om die kleur te verander. Vir 'n diepblou kleur is kobalt nodig, swawel of chroom gee 'n geel of groen kleur, en goud of koper veroorsaak 'n rooi kleur. As jy yster of koolstof byvoeg, kry jy bruin of amber. Nikkel gee pers, en vir 'n ondeursigtige, melkerige voorkoms kan jy tin of sink gebruik.
- Glasblasers het 'n belangrike rol gespeel in ander uitvindings. Die lang buis vir Galileo Galilei se termometer en die glasbol vir Thomas Alva Edison se eerste gloeilamp was die werk van kundige glasblasers.

2 **Wat noem ons die klein, ronde glasbol in ons huise wat ons in 'n houer vasskroef en wat lig uitstraal?**
b Gloeilamp

Enige metaal sal lig uitstraal as dit warm word. 'n Gloeilamp het eers bestaan uit 'n glasbol waaruit al die lug verwyder is sodat daar 'n lugleegte was, en 'n gloeidraad — 'n baie dun draadjie met 'n hoë weerstand wat 'n wit lig uitstraal as dit verhit word. Omdat daar nie suurstof in die bol was nie, kon die gloeidraad nie sommer uitbrand nie.

Vandag is daar gewoonlik 'n neutrale gas in die gloeilamp, en die gloeidraad word van wolfram gemaak. Die gloeidraad lê tussen twee metaalarmpies. Een van dié armpies is met die elektriese toevoer verbind, en die ander met die lamp se koperhulsel. As 'n mens die lig aansit, word die stroombaan voltooi en die lig brand.

3 **Wat noem ons die reghoekige kassie waarop ons na die nuus, rolprente en ander programme kyk?**
c Televisie

Só baie huise het al 'n televisiestel dat 'n mens amper nie kan dink aan 'n tyd toe daar nie TV was nie, maar die kykkassie wat ons vandag ken, is minder as 70 jaar oud. Televisie het maar eers in 1975 in Suid-Afrika uitgekom. Die eerste keer wat televisiestelle in huise gebruik is, was in 1936 in Brittanje. Daar was toe omtrent 100 van dié stelle.

'n Televisiekamera verander die lig en klank van 'n beeld na elektroniese seine, wat van 'n televisiestasie af uitgesaai word en met die hulp van senders aangestuur word totdat dit 'n lugdraad of antenna bereik. Daar word dit weer omgesit in beelde en klank wat ons kan sien en hoor.

Die eerste mens wat begin werk het aan die idee om beelde oor 'n afstand te stuur, was Paul Nipkow van Duitsland. Daarna het Brittanje se John Logie Baird ook belangrike werk gedoen en in 1926 die eerste keer 'n televisiestel se werking in die openbaar verduidelik. 'n Beter stelsel is daarna uitgevind, en deesdae word die seine selfs met kabels of satelliete na die ontvangers toe gesein.

Andrzej Sawa

Het jy geweet?

• Die voorvoegsel tele-, wat "ver" beteken, word in baie woorde gebruik. Hier is die betekenisse van 'n paar woorde waarin dit voorkom:

televisie	—	"ver sien"
telefoon	—	"ver hoor"
telegraaf	—	"ver skryf"
teleskoop	—	"ver sien"
telepatie	—	"ver dra"

• Daar is vandag byna 1 miljard televisiestelle in die wêreld. Sjina het die meeste stelle — byna 200 miljoen.

• Die gemiddelde Amerikaner sien elke jaar 20 000 televisie-advertensies.

Sê wie?

Televisie? Dié uitvinding hou niks goeds in nie. Die woord is half Grieks en half Latyn.
> — CP Scott, redakteur van die Manchester Guardian (1846 - 1932)

Televisie sal geen mark behou wat dit ná die eerste ses maande bereik het nie. Mense sal gou moeg word daarvoor om elke aand na 'n laaghoutkassie te sit en kyk.
> — Rolprentvervaardiger Darryl F. Zanuck

Mense sal nooit na 'n uur lange drama op TV kyk nie.
> — James Jewell, radioskrywer en -regisseur (1952 —)

4 Wat gebruik ons wanneer ons in ons huise sit en met iemand wil praat wat duisende kilometers van ons af is?

a Telefoon

'n Telefoon gebruik elektrisiteit om klanke oor te dra. Die telefoon se mondstuk, waarin ons praat, het 'n diafragma wat vibreer wanneer klankgolwe dit tref. Dié vibrasies word dan omgesit in elektriese impulse, wat met elektriese drade oorgedra word na die ontvanger by 'n ander telefoon, waar die impulse weer omgesit word in klanke wat die persoon kan hoor as hy die gehoorstuk teen sy oor hou.

Alexander Graham Bell, wat in Skotland gebore is, het in 1876 die eerste werkende telefoon gepatenteer, net 'n paar uur voordat Elisha Gray sy patent vir die telefoon ingedien het! Die VSA se hooggeregshof het die patent aan Bell toegeken. Sy van word vandag nog gebruik in woorde soos "bel", en "desibel" — die eenheid waarin ons meet hoe hard 'n klank is.

Suid-Afrika se eerste telefoonsentrale was in Port Elizabeth, en die eerste outomatiese sentrale in Kimberley.

Sê wie?

Goedingeligte mense sal weet dat dit onmoontlik is om die stem met behulp van drade oor te dra, en ás dit moontlik sou wees, sou dit geen praktiese waarde hê nie.
> — Die *Boston Post* (1865)

Gmf! Net 'n speelding.
> — Gardiner Greene Hubbard oor die uitvinding van sy skoonseun, Alexander Graham Bell (1876)

'n Verstommende uitvinding – maar wie sal ooit een wil gebruik?
> — Die Amerikaanse president Rutherford B. Hayes nadat hy 'n telefoonoproep van Washington, DC, na Philadelphia gemaak het (1876)

Andrzej Sawa

5 Wat noem ons die apparaat met 'n lugdraad wat in ons huise en motors is en wat ons aanskakel sodat ons na musiek, inbelprogramme of nuus kan luister?

c Radio

Die radio is iets wat 'n mens in amper elke huis en motor kry, maar 100 jaar gelede het nog net 'n paar mense besef dat 'n mens klank oor 'n lang afstand kan stuur en ontvang. Beroemde wetenskaplikes soos Michael Faraday, James Clerk Maxwell en Heinrich Hertz het al van 1860 af met radiogolwe geëksperimenteer, maar kon nie 'n praktiese manier kry om dit te laat werk nie.

In 1894 het die president van die Royal Society, lord Kelvin, voorspel dat die radio geen toekoms het nie. Guglielmo Marconi van Italië het nie saamgestem nie, en was uiteindelik die een wat die radio laat werk het. Hy het eers 'n sein van sy solder af na sy tuin toe gestuur, en toe, met die Britse poskantoor se hulp, seine byna 14 km ver oor die Bristol-kanaal gestuur. Daarna het hy 'n sendstasie in Engeland opgerig en 'n ontvangstasie in Kanada. In 1901 het hy die eerste geluid (die Morsekode-sein vir die letter s) oor dié meer as 3 000 km gestuur.

Radioseine was eers net in Morsekode, maar in 1906 het Reginald Fessenden spraak en musiek 'n paar honderd kilometer ver uitgesaai. In 1920 is 'n nuusdiens tussen Ierland en die VSA geopen, en vandag is meer as 2,24 miljard radio's ingeskakel op 33 000 stasies oor die hele wêreld.

Sê wie?

Radio het geen toekoms nie.
> — Lord Kelvin, Britse wiskundige en fisikus en president van die Royal Society (1897)

Die beheptheid met radio... sal mettertyd uitsterf.
> — Thomas Alva Edison, Amerikaanse wetenskaplike en uitvinder (1922)

DeForest, hierdie kamer het genoeg plek vir al die radiotelefoon-toerusting wat hierdie land ooit sal nodig kry.
> — WW Dean, president van die Dean-telefoonmaatskappy, aan die Amerikaanse radiopionier Lee DeForest (1907)

Andrzej Sawa

6 Waarvoor staan die afkorting "www" wat 'n mens intik as jy 'n webruimte wil besoek?
Worldwide Web

In 1968 het die Amerikaanse weermag die maatskappy Bolt Beranek & Newman gehuur om die internet te ontwerp, en die projek is ARPAnet genoem (*Advanced Research Projects Agency*). In 1971 het Ray Tomlinson e-pos (elektroniese pos) uitgevind, sodat mense elektroniese boodskappe van een rekenaar na 'n ander kon stuur. Hy het die @-teken uitgedink om te sê watter gebruiker by 'n rekenaar was, en die eerste e-posboodskap was *QWERTYUIOP* — die boonste ry letters op 'n sleutelbord. Dié ARPAnet-projek is in 1984 uitgebrei en aan universiteite en ander groepe beskikbaar gestel, sodat hulle dit kon help ontwikkel.

Die Worldwide Web is 'n afdeling van die internet wat 'n baie groot hoeveelheid hiperteks-bladsye met mekaar verbind, sodat iemand wat dit gebruik, inligting oor omtrent enige onderwerp onder die son kan kry. Dié naam is in 1990 deur Tim Berners-Lee voorgestel, wat gevoel het dat die internet gebruik moes word om webbladsye met mekaar te verbind. Die eerste webbladsy is in 1990 ontwikkel, maar die adres, http://nxoc01.cern.ch/hypertext/WWW/TheProject.html, is nie meer beskikbaar nie.

Nog iemand wat 'n baie groot rol gespeel het in die ontwikkeling van die internet, is Vinton Cerf. Hy het die basiese internet-tegnologie ontwerp en daarna 'n hele aantal projekte gelei om dié moderne wonder uit te bou en te standaardiseer.

Sê wie?

Ek voorspel die internet... sal vinnig skouspelagtig in 'n supernova verander, en in 1996 katastrofies ineenstort.
> — Bob Metcalfe, *InfoWorld* (1995)

Het jy geweet?
- Die radio was al 38 jaar oud voordat 50 miljoen mense ingeskakel het, en televisie het die 50 miljoen-merk binne 13 jaar gehaal. Die internet het net vier jaar nodig gehad om 50 miljoen gebruikers te hê!
- In September 2002 was daar al meer as 600 miljoen internetgebruikers in meer as 200 lande. In 1995 was daar net 16 miljoen internetgebruikers.

7 Watter moderne elektroniese hulpmiddel is al in 1830 deur Charles Babbage uitgedink, maar eers meer as 110 jaar later vir die eerste keer gebou?
Rekenaar

Die rekenaar is een van die elektroniese hulpmiddels wat binne 'n paar jaar alles verander het. Charles Babbage was 'n Britse wiskundige en uitvinder wat al in 1821 'n eenvoudige optelmasjien uitgevind het wat hy 'n *Difference Engine* genoem het. Teen omtrent 1830 het Babbage 'n masjien uitgedink wat hy 'n *Analytical Engine* genoem het en wat baie van die moderne rekenaar se eienskappe gehad het. Hy het nie een van sy uitvindings gebou nie, en die eerste werkende rekenaars is eers meer as 'n eeu later aanmekaargesit.

In 1945 het die Amerikaners die wêreld se eerste veeldoelige, ten volle elektroniese, digitale rekenaar gebou en dit *ENIAC* genoem: *Electronic Numerical Integrator and Calculator*. Dit het 18 000 vakuumbuise gehad, 30 ton geweeg, en kon 5 000 bewerkings per sekonde uitvoer.

Die UNIVAC I was die eerste kommersieel suksesvolle rekenaar. Daarna het die ontwikkeling vinnig gevolg: die eerste programmeringstaal, BASIC, is in 1964 ontwikkel, en die eerste bekostigbare minirekenaar was die PDP-8, wat in 1965 ontwikkel is. Die eerste mikroprosesseerderskyfie, die Intel 4004, is in 1971 deur Federico Faggin ontwerp, en skielik kon rekenaars tot 60 000 bewerkings per sekonde doen.

In die sewentigerjare van die vorige eeu het die Microsoft-era begin toe Bill Gates en Paul Allen die DOS-bedryfstelsel bekendgestel het, wat van Gates die wêreld se rykste mens gemaak het, met 'n persoonlike fortuin wat al die $100 miljard-merk gehaal het.

Die persoonlike rekenaar is nou onontbeerlik vir enige maatskappy en word op elke denkbare terrein gebruik — van ruimtevaart tot onderwys, boerdery, oorlog en vervoer. Selfs die eenvoudigste huishoudelike apparate wat ons elke dag gebruik, werk met rekenaartegnologie.

Sê wie?

640k behoort genoeg te wees vir enigiemand.
— **Bill Gates, voorsitter van Microsoft (1981)**

Ek dink daar is 'n wêreldmark vir omtrent vyf rekenaars.
— **Thomas Watson, IBM-voorsitter (1958)**

Dit lyk of ons alles moontlik bereik het met rekenaartegnologie, alhoewel ons versigtig moet wees met sulke uitsprake — dit het die manier om vyf jaar later taamlik simpel te klink.
— **Rekenaarwetenskaplike John von Neumann (1949)**

Daar is geen rede vir enige individu om 'n rekenaar in sy huis te hê nie.
— **Ken Olsen, president van Digital Equipment (1977)**

En rekenaars gaan ook nie veel vinniger word nie...
— **Dr Arthur L Samuel,** *The banishment of paper-work* in *New Scientist* **(1964)**

Andrzej Sawa

Andrzej Sawa

8 In watter jaar is die eerste selfoon gebruik: 1973, 1983 of 1993?

1973

Bell Laboratories, die telefoonmaatskappy AT&T se navorsingsafdeling, het al in 1947 aan die moontlikheid van 'n selfoon begin dink, en in die sestiger- en sewentigerjare van die 20ste eeu was Motorola en Bell in 'n wedloop om mense telefone te gee wat hulle oral saam met hulle kon dra. Dr Martin Cooper, een van Motorola se bestuurders, het die eerste draagbare selfoon uitgevind en was die eerste mens wat 'n selfoonoproep gemaak het — sommer van 'n sypaadjie af. Dit was in April 1973, en die oproep was na Joel Engel van Bell Laboratories.

Die eerste selfoon was die Motorola Dyna-Tac, wat 850 g geweeg het en geen vertoonvenstertjie gehad het nie. Dit het 35 minute praattyd gehad en moes daarna tien uur lank gelaai word! Dié foon was 23 cm lank en amper 13 cm breed. Vandag het meer as 144 miljoen Amerikaners selfone, en meer as 'n miljard selfone word die wêreld oor gebruik.

9 Op watter alledaagse tegnologiese hulpmiddel is terme soos "35 mm" en "SLR" (of "ELR") van toepassing?

Kamera

'n Kamera werk baie eenvoudig: lig kom deur 'n baie klein opening in 'n donker ruimte in en laat 'n beeld op 'n oppervlak binne-in dié ruimte val. As die lig deur 'n lens gaan, word die beeld skerper, en as die beeld op 'n film binne-in die donker ruimte val, word dit vasgevang en behou.

Die voorlopers van die kameras wat ons vandag ken, was die *camera obscura*, wat al in die 11de eeu nC gebruik is om sonsverduisterings beter waar te neem. Die oudste bestaande foto dateer uit 1827, en is oor 'n tydperk van agt uur deur Joseph Nicéphore Niepce "geneem". Dié eksperiment het 'n afdruk op 'n piouterbord gelaat.

Louis Jacques Mandé Daguerre het die proses verfyn deur plate met silwer te bedek en met jodiumdampe te behandel om hulle ligsensitief te maak. Nadat die plate aan lig blootgestel is, het hy die beeld met behulp van kwikdampe ontwikkel en met 'n soutoplossing vasgelê.

Die belangrikste dele van 'n kamera is die lens, die diafragma — wat bepaal hoeveel lig die kamera inlaat — die sluiter, wat teen verskillende snelhede oop- en toemaak om lig in te laat, en die film waarop die beeld vasgelê word.

In die 20ste eeu het kameras baie goedkoop en algemeen geword, en die sogenaamde "mik en druk"-kameras is deesdae baie gewild. Die beeld word op die film vasgelê, dan "ontwikkel", en die negatief wat so verkry word, kan met chemikalieë op spesiale wit papier vasgelê word.

Die 21ste eeu is die eeu van die digitale kamera. In so 'n kamera word die film vervang deur 'n sensor wat lig in elektroniese seine omsit. Dié seine word in digitale data omgesit, wat saamgepers word sodat dit op die kamera se geheuekaart kan pas. Die data kan dan in die kamera se geheue gehou word, of oorgeplaas word na 'n rekenaar se geheue.

Kodak het al in die middel van die sewentigerjare van die vorige eeu begin met navorsing oor kameras wat lig in "digitale beelde" kan omsit, maar die eerste digitale kameras vir die kommersiële mark het eers 20 jaar later verskyn.

Andrzej Sawa

Het jy geweet?

- *Jy druk die knoppie — ons doen die res.* Dit was die slagspreuk waarmee George Eastman sy Kodak-kamera in 1888 geadverteer het. Kodak beteken nie iets nie; Eastman het eenvoudig geglo 'n woord wat twee k's bevat, klink sterk!

- Linda McCartney (die Beatle Paul McCartney se vrou) se nooiensvan was Eastman, en sy was 'n baie bekende fotograaf.

10 In watter dekade van die 20ste eeu is die CD, of kompakskyf, wat deur Philips en Sony ontwikkel is, aan die wêreld bekendgestel?

Tagtigerjare

Die CD (*Compact Disc*) is in 1982 bekendgestel nadat Philips en Sony dit saam ontwikkel het, maar James Russell het dit al in 1965 uitgevind. Hy het die patentreg vir die CD en 22 ander elemente van dié skyf verkry.

Die CD — wat 'n deursnee van 120 mm het en 1,2 mm dik is — het in die afgelope twee dekades die musiekwêreld, die rekenaarwêreld en die rolprentwêreld oorgeneem. Dié ronde wonder is 'n plastiekskyf met digitale data wat deur 'n laserstraal "gelees" kan word om klank en ander data te herwin. Dit bestaan uit 'n deurskynende plastieklaag, 'n metaallagie en 'n beskermende plastieklagie. Die data word in die metaal vasgelê in die vorm van baie klein gaatjies en plat gedeeltes wat in 'n spiraalvormige "groef" van die skyf se binnekant na die buitekant loop. Die middelpunte van gaatjies wat langs mekaar lê, is net 1,6 mikrometer van mekaar af!

Die inligting op 'n CD word "gelees" deur 'n laserskyf in 'n CD-speler terwyl die skyf teen tussen 200 en 500 omwentelings per minuut draai. As die straal 'n plat gedeelte tref, skep dit 'n elektriese puls, en as dit een van die gaatjies tref, gebeur niks. Dié elektriese pulse word in elektroniese seine omgesit.

Die CD was die voorloper van die CD-ROM, wat minstens 680 megagrepe data kan bevat, en die DVD, wat 4,7 gigagrepe data kan bewaar.

11 Watter uitvinding van die Nederlandse oogkundige Hans Lippershey is deur Galileo Galilei gebruik om Jupiter se mane te ontdek?

Teleskoop

Die eerste teleskoop is eeue gelede al uitgevind, maar deesdae word teleskope gebou wat so groot is dat dit inligting oor veraf sterrestelsels duisende ligjare ver uit die heelal kan versamel.

'n Oogkundige, Hans Lippershey van Nederland, het in 1608 'n soort teleskoop ontdek, maar dié apparaat het eers in 1609 bekend geword toe Galileo Galilei dit gebruik het om die hemelruim te begin ondersoek. Hy het baie dinge gesien: die kraters op die maan, die vier mane van Jupiter, sonvlekke, en Saturnus se ringe. Sir Isaac Newton het in 1704 'n ander soort teleskoop ontwerp wat spieëls in plaas van lense gebruik het, en dit het wetenskaplikes gehelp om voorwerpe miljoene kere te vergroot. Die Hubble-ruimteteleskoop (wat $3 miljard gekos het) is in 1990 gelanseer, en verstom sterrekundiges nog steeds met die helder beelde wat dit terugstuur.

Andrzej Sawa

12 Watter handelsnaam gebruik ons vir die haak-en-lussie-vasmaakmiddel aan klere en skoene wat baie maklik met 'n skeurgeluid losgemaak kan word?

Velcro

'n Switserse ingenieur, George de Mestral, het op 'n dag in 1948 met sy hond gaan stap, en toe hulle by die huis kom, was hy en sy hond vol knapsekêrels – 'n soort klitsgras met weerhakies. Hy het dit onder 'n mikroskoop bekyk en agtergekom dat die klitsgras honderde weerhakies het waarmee dit vasklou aan iets wat daarteen skuur. Hy het binne agt jaar 'n produk ontwikkel wat bestaan het uit twee nylonstroke, een met weerhakies en die ander met ogies of lussies, wat aan mekaar kan vaskleef. 'n Mens het 'n krag van 0,69 tot 1,05 kg/cm² nodig om twee stukke uit mekaar te trek, maar hoe groter die oppervlak is, hoe moeiliker is dit om hulle van mekaar af te kry.

Andrzej Sawa

De Mestral het die patentreg verkry om dié haak-en-lussie-materiaal te vervaardig en het die maatskappy Velcro gestig. Dié woord kom van die Franse *velour crochet*, wat "fluweelhakie" beteken. Die Velcro-maatskappy is die enigste wat dié naam mag gebruik; die materiaal wat deesdae deur ander maatskappye vervaardig word en oral gebruik word, se naam is dus nie Velcro nie (al noem almal dit so!), maar "haak-en-lussie-materiaal".

13 Watter hulpmiddel wat in die kombuis gebruik word, is ontdek toe dit 'n sjokoladestafie in iemand se baadjiesak laat smelt het?
Mikrogolfoond

Andrzej Sawa

Hoekom word kos baie vinniger gaar in 'n mikrogolfoond as in 'n gewone oond? Omdat die mikrogolfoond die mikrogolwe wat deur 'n elektroniese buis, die magnetron, geskep word, deur die hele oond versprei met behulp van 'n waaier. Die mikrogolwe gaan maklik deur die meeste materiaal, maar water, vette, suikers en ander stowwe in kos absorbeer dié golwe. Dit beteken dat 'n mikrogolfoond die kos letterlik van binne af gaarmaak.

Hoe het dié oulike oond ontstaan?

Percy Spencer, 'n Amerikaanse kenner van elektronika, het net ná die Tweede Wêreldoorlog een van die Raytheon-maatskappy se laboratoriums besoek. Toe hy naby een van die magnetrons vir 'n radarstelsel staan, het hy agtergekom dat die sjokoladestafie in sy baadjiesak besig is om te smelt. Hy het dadelik vir mielies gevra, en

toe hy die sak naby die magnetron hou, het die mielies begin "spring" en in 'n sak springmielies verander! Spencer het daarna die mikrogolfoond saam met Raytheon ontwikkel. Die eerste oonde het 340 kg geweeg en was 2,29 m hoog.

14 In watter eeu het polshorlosies die eerste keer hulle verskyning gemaak?
19de eeu

Andrzej Sawa

Mense het nog altyd geweet naastenby hoe laat dit is. Kyk net waar sit die son, dan sal jy weet of dit tyd is vir brekfis of droomland! Deur die eeue heen het uitvinders probeer om noukeuriger te bepaal presies hoe laat dit is, en sonwysers, water en kerse is ingespan om dit reg te kry. Die eerste meganiese klok is in 1335 in Milaan, Italië, aanmekaargesit, en in 1510 al het Peter Henlein sy draagbare horlosie, met 'n wyserplaat, 'n uurwyser en vere, bekendgestel.

Die polshorlosie is 'n relatief nuwe uitvinding. Daar is getuienis dat vroue teen 1880 al horlosies aan leerbandjies om hulle polse gedra het, maar mans het dit as te verfynd beskou. Polshorlosies vir mans (bekend as *bracelet watches*) het eers in die Eerste Wêreldoorlog gewild geword omdat dit toe nodig en baie prakties was.

In 1880 ontdek Pierre Curie pieso-elektrisiteit — die elektrisiteit wat afgegee word deur kristalle wat onder druk is, en agt jaar later ontdek Friedrich Reinitzer en Otto Lehmann vloeibare kristal. Eers in 1927 maak Warren Marrison die eerste kwartshorlosie, en 27 jaar later kom die eerste horlosiebatterye op die mark.

Die uitvinding van die geïntegreerde stroombaan

(1959) en die liggewende diode (1961– 62) het gevolg, en in 1967 word die Beta 21, die eerste prototipe van 'n kwartshorlosie, bekendgestel. Die jaar daarna word vloeibarekristal-vertoonvensters ontwikkel, en in 1969 word die Astron aan die Japannese mark bekendgestel.

Die eerste ten volle elektroniese polshorlosie was die Pulsar (1972), en in 1983 het Switserland die Swatch bekendgestel, wat net 51 dele gehad het teenoor die gewone 125.

Die bewegings van kwartskristalle in 'n elektroniese horlosie dien dieselfde doel as die spiraalveer en die balanseerwieletjie in 'n meganiese horlosie. 'n Kwartskristal vibreer wanneer dit 'n elektriese puls ontvang, en die horlosie se geïntegreerde stroombaan maak dit tot duisendstes van 'n sekonde akkuraat.

Het jy geweet?
- Net 13% van alle polshorlosies is meganies.
- 80 atoomhorlosies in 24 lande bepaal die hele wêreld se tyd.
- Fiorenzo Barindelli van Cesano Maderno in Italië versamel Swatch-horlosies. Hy het nou al 3 677 van dié horlosies. Dit sluit 'n voorbeeld in van elke Swatch wat van 1983 af gemaak is!
- Gianni Vivé Sulman van Londen het in 1999 begin om horlosies te maak wat elkeen meer as £322 000 kos (sonder belasting!). Net vyf van dié horlosies word elke jaar gemaak.

15 **Watter baie algemene, alledaagse stof is oorspronklik van hars gemaak wat afkomstig is van plantmateriaal soos sellulose, oliesaad en steenkool, en later veral van petrochemiese stowwe?**
Plastiek

Plastiek speel 'n baie groot rol in die 21ste eeu, maar 150 jaar gelede was daar nog geen plastiekprodukte nie.

Die sportwêreld moet die krediet kry vir die ontdekking van die eerste soort plastiek! In 1860 het Phellan & Collander, 'n maatskappy wat biljartballe vervaardig het, 'n prys van $10 000 uitgeloof vir iemand wat 'n mensgemaakte plaasvervanger vir ivoor kon vind. John Wesley Hyatt het probeer, en alhoewel hy nie die prys gewen het nie, het hy 'n stof uitgevind wat die handelsnaam Celluloid gekry het. Dit het bestaan uit 'n sellulosenitraat waarby kamfer en alkohol gevoeg is. In 1906 het Leo Hendrik Baekeland 'n sintetiese stof uitgevind wat Bakeliet genoem is.

Plastiek is oorspronklik gemaak van produkte wat uit plantmateriaal verkry is, maar later is oorgeslaan na petrochemiese stowwe. Die chemiese proses wat gebruik word om plastiek te maak, word polimerisasie genoem.

Biotegnoloë het dit al reggekry om plante geneties te verander sodat dit plastiek produseer. Dié plantplastiek is biodegradeerbaar, maar dis baie duur; dit sal nog 'n paar jaar se werk kos voor dit 'n plaasvervanger vir sintetiese plastiek sal wees.

Het jy geweet?
- In Suid-Afrika het die regering plastiekbesoedeling probeer verminder deur 'n wet uit te vaardig wat winkels verbied om dun plastieksakke van 17 mikron aan klante te voorsien. Die enigste plastiek-inkopiesakke wat gebruik mag word, is 30 mikron dik en word met omgewingsvriendelike ink bedruk om dit makliker herwinbaar en herbruikbaar te maak. Klante betaal vir die sakke waarin hulle inkopies gepak word, en 'n omgewingsheffing van 2c word gebruik vir die opruiming van rommel, en vir opvoeding oor omgewingsake.
- Jaarlikse plastiekproduksie het toegeneem tot meer as 4,5 kg vir elke mens op aarde.
- Plastieksakke word van polimere gemaak wat afkomstig is van petroleum. Die hoeveelheid petroleum wat nodig is om een sak te maak, sal 'n motor 11 m ver laat loop.
- Die gemiddelde Amerikaanse motor het in 1992 altesaam 136 kg plastiek bevat, wat uit 60 soorte hars vervaardig is.
- Australiërs gebruik elke jaar meer as 6 miljard plastieksakke. As dié sakke aan mekaar vasgemaak sou word, sou dit 37 keer om die aarde kon gaan. Minder as 1% van dié sakke word hergebruik.
- Volgens die US National Academy of Science word daar sedert 1975 elke jaar meer as 600 000 plastiekhouers in die oseane gegooi.
- In 'n ondersoek in 1989 is bevind dat 89% van die rommel wat in die noordelike Stille Oseaan gedryf het, plastiek was.
- Meer as 100 000 voëls, walvisse, robbe en seeskilpaaie vrek elke jaar omdat hulle plastiekprodukte inkry.

Antwoorde
A ALGEMENE KENNIS

Maklik
1a Glas
2b Gloeilamp
3c Televisie
4a Telefoon
5c Radio

Medium
6 Worldwide Web
7 Rekenaar

8 1973
9 Kamera
10 Tagtigerjare

Moeilik
11 Teleskoop
12 Velcro
13 Mikrogolfoond
14 19de eeu
15 Plastiek

6

Kry jou ry!

Vervoer

ALGEMENE KENNIS

Maklik

1. Waarmee ry 'n mens as jy in 'n Polo, 'n Kia, 'n Rolls-Royce of 'n BMW is?

   a Motor   b Motorfiets   c Vliegtuig

2. Wat noem ons die groot voertuig wat 'n klomp treintrokke trek?

   a Trem   b Lokomotief   c Treinwa

3. Watter groot voertuie het name soos Boeing en Concorde?

   a Skepe   b Busse   c Vliegtuie

4. Watter ronde voertuig sal 'n mens gebruik as jy bo-op 'n berg soos Tafelberg wil kom?

   a Kabelkarretjie   b Fiets   c Karavaan

5. Watter "vakansiehuis" met wiele sleep mense met hulle motors?

   a Sleepwa   b Karavaan   c Ventertjie

Medium

6. Watse soort voertuig is 'n Harley-Davidson, waarvan die eerste model 'n eeu gelede vervaardig is?

7. Watter vervoermiddel gebruik 'n deelnemer aan die Dusi-marathon?

8. Watter Amerikaanse fietsryer het al vyf keer die Tour de France gewen?

9. Rangskik die volgende vervoermiddels van die oudste na die jongste: ballon, valskerm, vliegtuig.

10. Waarmee sal 'n mens duisende tonne olie van een land na 'n ander vervoer?

Moeilik

11. Watter motorrenjaer was van 1995 af al vyf keer die Formule 1 Wêreldkampioen?

12. Met watter vorm van vervoer verbind 'n mens die naam Igor Sikorsky?

13. Watter Amerikaanse pendeltuig het in 2003 uitmekaargebreek toe dit in die aarde se atmosfeer ingekom het?

14. Hoe vinnig vlieg 'n vliegtuig as dit 'n snelheid van Mach 1 haal?

15. Watter mensgemaakte vervoermiddel hou die rekord vir die vinnigste snelheid wat ooit behaal is?

Al die antwoorde verskyn aan die einde van die hoofstuk.

Antwoorde

A. ALGEMENE KENNIS

Alles en nog wat

1 Waarmee ry 'n mens as jy in 'n Polo, 'n Kia, 'n Rolls-Royce of 'n BMW is?

   a Motor

Volkswagen maak die Polo, die Kia kom uit Suid-Korea, die Rolls-Royce word in Brittanje vervaardig, en die BMW (wat vir Bayerische Motorwerken staan) kom uit Duitsland.

Die idee van 'n voertuig wat kan ry sonder dat diere dit trek, is al eeue oud. In 1335 het Guido da Vigevanoal 'n soort voertuig ontwerp wat met windkrag, wat oorgedra is na ratte en wiele, gewerk het. Later het Leonardo da Vinci 'n driewiel uitgedink met 'n stuur en 'n ewenaarmeganisme tussen die agterwiele.

Nicholas Joseph Cugnot van Frankryk het in 1770 die eerste voertuig gebou wat op eie stoom beweeg het — letterlik! Dit was 'n soort stoomtrekker wat drie wiele gehad het, en dit kon teen 'n snelheid van 4 km/h rondjaag. Cugnot het ook die eerste motorongeluk gemaak toe hy in 'n klipmuur vasgestoom het!

In die laaste helfte van die 19de eeu het tientalle uitvinders voertuie gebou wat op hulle eie kon rondbeweeg en selfs in motorwedrenne gebruik is.

Een van die pioniers van die motornywerheid was Karl Benz, wat in 1878 'n tweeslag-binnebrandenjin ontwerp het, en in 1885 'n driewielvoertuig met 'n binnebrandenjin gebou het. Dié motor het in 1886 deur die strate van München gery. Benz en Daimler se maatskappye het later saamgesmelt, en dié twee word allerweë as die "vaders" van die moderne motor beskou.

Henry Ford het in 1914 begin om die vervoerband en gestandaardiseerde onderdele te gebruik om produksie te verhoog. Hy het ook die geweldige wisseling in werkers verminder deur sy werkers beter salarisse te betaal.

Die Model T Ford, of Tin Lizzie, was een van die grootste suksesse in die motornywerheid. Van 1908, toe dié motor op die toneel verskyn het, tot 1927, toe die vervaardiging daarvan gestaak is, het Ford meer as 15 miljoen van dié motors vervaardig.

Andrzej Sawa

Het jy geweet?
- Die woord "motor" kom van 'n Latynse woord af wat "beweger" of "om te beweeg" beteken.

- Die wêreld se vinnigste motor is die Thrust II Super Sonic Car (SSC), waarmee Andy Green in 1997 'n snelheid van 1 227,985 km/h gehaal het. Dis vinniger as 'n vliegtuig! Teen daardie snelheid sal dit hom net meer as 32 uur neem om rondom die aarde te jaag.
- Die duurste motor in die wêreld is 'n Mercedes-Benz CLK/LM, wat 'n snelheid van 320 km/h kan haal en 100 km/h in net 3,8 sekondes kan bereik. Die prys? 'n Skamele $1 547 620.
- Hoe ver kan een motor ry? Die grootste afstand wat nog opgeteken is, is behaal deur 'n 1966 Volvo P-18005, wat deur die Amerikaner Irvin Gordon gebruik is om werk toe te ry. Die heen-en-weer-rit was 201 km, en dit het die motor se afstandmeter teen April 2001 tot 3 029 685 opgestoot.
- Hoe vinnig kan jy in trurat ry? Die wêreldrekord van 138,40 km/h is in Maart 2001 in Leicerstershire deur Alistair Weaver van Brittanje opgestel, wat 'n Caterham Seven Blackbird bestuur het.

Sê wie?

Die gewone perdlose wa is tans 'n luukse vir die rykes, en alhoewel die prys heel moontlik sal daal in die toekoms, sal dit nooit so algemeen word soos die fiets nie.
— *The Literary Digest* **(1899)**

Ten spyte van bewerings wat gemaak word, sal die bou van paaie net vir gebruik deur motors nie in die nabye toekoms gebeur nie.
— Harper's Weekly **(1902)**

Ons moenie onsself mislei deur te dink dat die ongetoetste masjien die getroue ou perd sal vervang nie.
— John K Herr, generaal-majoor, Amerikaanse leër **(1878 - 1955)**

2 Wat noem ons die groot voertuig wat 'n klomp treintrokke trek?

b Lokomotief

Die lokomotief is die reuse voertuig wat 'n klomp treintrokke of passasierswaens trek. Die eerste lokomotiewe het met stoom gewerk en op metaalspoorstawe gery. Die klik-klik wat 'n mens hoor wanneer jy trein ry, word veroorsaak deur die laste tussen die ysterstawe.

Richard Trevithick het in 1804 (dis twee eeue gelede!) al 'n stoomlokomotief gebou wat groot vragte kon vervoer, maar 20 jaar later het Robert Stephenson beter lokomotiewe gebou en hulle *Locomotion* en *Rocket* genoem. Dié lokomotiewe het teen 46 km/h rondgejaag — baie vinniger as 'n perdekar!

Vandag is daar 'n Franse hoëspoedtrein, die TGV, wat al 'n spoed van 515 km/h gehaal het! Die trein ry darem nie altyd so vinnig nie, maar die Franse passasiers kan nou al gereeld teen 300 km/h voortsnel. Dis 2,5 maal vinniger as wat motors op snelweë in Suid-Afrika mag ry. Die TGV is 'n elektriese trein wat baie vaartbelyn is en deur rekenaars beheer word. Die spore is ook spesiaal vir dié trein se hoë spoed ontwerp.

Andrzej Sawa

Het jy geweet?
- Die woord "lokomotief" beteken "beweeg van 'n plek af".
- Die vinnigste stoomlokomotief, die *Mallard*, het in 1938 in Engeland 'n snelheid van 201 km/h gehaal terwyl dit sewe waens getrek het.
- Die grootste stoomlokomotiewe was die *4-8-8-4 Big Boys*, wat tussen 1941 en 1944 deur die American Locomotive Company gebou is. Hulle was 39,852 m lank en het 508,02 ton geweeg.
- Bill Curtis van Clacton-on-Sea in Essex, Engeland, is die wêreldkampioen-treinkyker (*trainspotter*). Hy het al 85 000 lokomotiewe, 11 200 elektriese eenhede en 8 300 dieseleenhede in sy rekordboek aangeteken. Dit het hom 40 jaar geneem, en hy het in 31 lande gaan treine kyk.

Sê wie?
Wat kan meer belaglik wees as die idee dat lokomotiewe twee keer so vinnig as poskoetse kan ry?
— *The Quarterly Review*, Engeland **(1825)**

Ronell van Rooyen

Spoorvervoer teen 'n hoë spoed is onmoontlik omdat passasiers nie sal kan asemhaal nie en sal versmoor.
  — Prof Dionysus Lardner, Departement Natuurlike Filosofie en Sterrekunde, Londen (1793 - 1859)

3   Watter groot voertuie het name soos Boeing en Concorde?

c Vliegtuie

Sir George Cayley van Yorkshire in Engeland het in 1799 al 'n vastevlerk-vliegtuig ontwerp wat selfs 'n stert gehad het vir beter beheer. 50 jaar later het hy 'n sweeftuig gebou waarmee 'n 10-jarige seun 'n entjie gevlieg het, en 'n paar jaar later het hy sy koetsier oorreed om met 'n verbeterde weergawe van dié vlieër te vlieg. Ná 'n onbeheerde, skommelende vlug van 'n 100 m of so het die koetsier gesê: "Ek gee nou dadelik kennis! Ek is in diens geneem om te ry, nie om te vlieg nie."

Die Aeronautical Society is in 1868 in Brittanje gestig, en het selfs 'n uitstalling van vliegmasjiene gehou. Baie mense het in die volgende paar jaar vliegtuie probeer bou, maar die wêreld moes wag tot in 1903, toe Orville en Wilbur Wright die eerste keer met 'n vliegtuig gevlieg het wat 'n enjin gehad het. Orville het eerste gevlieg; nie ver nie — net 36 m, en hy was 12 sekondes in die lug. Wilbur het daarna gevlieg, en na amper 60 sekondes in die lug 260 m verder geland.

Het jy geweet?
- Die Amerikaanse president se vliegtuig is bekend as *Air Force One*. Daar is twee van dié Boeing 747-200B-vliegtuie, wat ses verdiepings hoog is. Elkeen het vier rekenaars, 85 telefone en 57 antennas.
- Die Amerikaanse Blackbird het in 1964 al teen 'n snelheid vinniger as Mach 3 deur die lug geklief. Die vlieëniers moet pakke aantrek wat soortgelyk is aan ruimtepakke, en die vliegtuig is met 'n spesiale verflaag bedek wat die wrywing verminder en dit amper onsigbaar maak vir radar.
- Die swart kassie (*black box*) in vliegtuie is nie swart nie — dis oranje, sodat dit maklik gekry kan word ná 'n ongeluk.
- 'n Vliegtuig se vlerke is geboë aan die bokant, wat die lug vinniger daaroor laat beweeg. Terselfdertyd beweeg die lug stadiger aan die onderkant van die vlerk. Die stadiger lugbeweging druk die vlerk van onder af op, terwyl die vinniger lugbeweging die vlerk boontoe laat beweeg.

Sê wie?

Die mens sal nooit vlieg nie, want vlieg is bedoel vir engele.
  — Biskop Milton Wright, pa van die Wright-broers (1901)

Die mens sal nie binne die volgende vyftig jaar vlieg nie.
  — Lugvaartpionier Wilbur Wright aan sy broer, Orville (1901)

Swaarder-as-lug-vliegmasjiene is onmoontlik.
  — Lord Kelvin, Britse wiskundige, fisikus, en president van die British Royal Society (1895)

Die huidige geslag sal nie vlieg nie, en geen praktiese ingenieur sal nou aandag aan dié probleem gee nie.
  — Worby Beaumont, 'n ingenieur, in reaksie op 'n joernalis se vraag of die mens in die volgende eeu sal vlieg (1900)

Dis vir my duidelik dat die moontlikhede van die vliegtuig, wat twee of drie jaar gelede gelyk het of dit die oplossing kon verskaf vir die vliegmasjienprobleem, uitgeput is en dat ons iets anders sal moet soek.

– Thomas Alva Edison, Amerikaanse weten-skaplike en uitvinder, soos aangehaal in die *New York World* (1895)

Mense sien graag gesigte van reusagtige vliegmasjiene wat oor die Atlantiese Oseaan vlieg en ontelbare pas-sasiers dra... Ek dink dis veilig om te sê dat sulke idees hersenskimme is.

– William Henry Pickering, Amerikaanse ster-rekundige by Harvard College se sterrewag (1908)

Dis die grootste vliegtuig wat ooit gebou sal word.

– Die woorde van 'n Boeing-ingenieur ná die eerste vlug van die Boeing 247 in 1932. Die tweemotorige vliegtuig het plek gehad vir tien mense.

4 Watter ronde voertuig sal 'n mens gebruik as jy bo-op 'n berg soos Tafelberg wil kom?

a Kabelkarretjie

Een van die beste uitsigte oor Kaapstad is van Tafelberg af. Gelukkig hoef 'n mens nie voet te slaan nie — jy kan rustig met die kabelkarretjie tot bo-op die berg ry.

Die kabel is 1,2 km lank, dit weeg 18 ton en dis 41 mm dik. Die ou kabelkarretjie is in 1929 al begin gebruik en is in 1997 deur 'n nuwe een vervang. Die nuwe karretjie draai heeltemal in die rondte en kan 65 mense op 'n slag vervoer teen 'n snelheid van 10 meter per sekonde.

Het jy geweet?

• Die wêreld se langste én hoogste kabelkarrit is met die kabelkarretjie by Merida in Venezuela. Die karretjies ry 12,5 km ver, en klim van Merida (1 640 m bo seevlak) tot by die Pico Espejo (4 765 m).

Andrzej Sawa

5 Watter "vakansiehuis" met wiele sleep mense met hulle motors?

b Karavaan

Die karavaan, of woonwa, waarmee mense so graag vakansie hou, is niks nuuts nie. Om die waarheid te sê, dis eintlik maar net 'n wa wat deur 'n voertuig getrek word in plaas van deur diere. Koningin Cleopatra het al 'n wa met 'n sondak gehad — en die lugversorging is voorsien deur slawe wat palmtakke rondgeswaai het!

Teen 1400 het die Tartare 'n reuse tentwa gebruik wat deur 30 osse getrek is. Stadig? Miskien... maar baie betroubaar. 'n Wa met 'n linnekap is teen die 17de eeu al 'n "karavaan" genoem.

Napoleon het 'n spesiale perdewa laat ontwerp vir sy tog Rusland toe. Hy het daarin geëet, geslaap, gebad en vergaderings gehou.

Die eerste woonwaens wat deur motors getrek kon word, is teen 1919 in Birmingham vervaardig.

Het jy geweet?

• Martin Hadland het in 2001 'n Compass Lynx 340/2-karavaan teen 'n snelheid van 207,38 km/h getrek met 'n Ford Escort Cosworth in Leicestershire, Brittanje.

6 Watse soort voertuig is 'n Harley-Davidson, waar-van die eerste model 'n eeu gelede vervaardig is?

Motorfiets

Motorfietse kan eintlik maar beskryf word as fietse met enjins. Die Italiaanse uitvinder Leonardo da Vinci het meer as 500 jaar gelede 'n soort masjien met suiers en pedale geteken, en in 1818 is 'n spotprent van 'n soort motorfiets, die Velocipe-draisiavaporianna, in Parys geteken. Kirkpatrick Macmillan het eers in 1840 iets gebou wat as 'n "motorfiets" beskou kan word. Die meeste van die vroeë motorfietse was gebaseer op 'n gewone fiets wat bekend was as die "beenbreker".

Die Michaux-Perreaux Velocipede was 'n fiets met 'n stoomenjin wat in 1868 gebou is, en dit kon 'n snelheid van 31 km/h haal. Die ontwerpers van ander vroeë motorfietse soos die De Dion-Bouton, die Orient en die Thomas het met petrolenjins begin eksperimenteer, maar die fiets-ontwerp behou. Gottlieb Daimler, die Duitser wat bekend is as die "vader van die motorfiets" en wat later saam met Karl Benz die Daimler-Benz Korporasie gestig het, het in 1885 'n fiets-ontwerp gebruik vir sy motorfiets met twee klein kantwieletjies weerskante van die ysterwawiele met houtspeke.

In 1892 is begin om motorfietse op groot skaal te vervaardig. Vandag kry ons bergfietse, kragfietse, bromponies en renfietse. Die vinnigste gewone motorfiets is die Suzuki Hayabusa, wat net meer as 312 km/h kan haal, maar die vinnigste spesiaal vervaardigde motorfiets was Dave Campos se *Easyrider*, waarmee hy 'n snelheid van 518,609 km/h gehaal het!

Het jy geweet?
- Die TV-aanbieder Jay Leno besit meer as 30 klassieke motors en meer as 40 motorfietse.
- Die eerste kommersieel vervaardigde motorfiets is in 1884 deur Edward Butler gebou. Dit het 'n eensilinder-enjin tussen die voorwiele gehad, wat met 'n ketting aan die agterwiel gekoppel was.
- Simon Temperley en Clive Williams het die kleinste werkende motorfiets gebou: dis net 10,8 cm lank.

7 Watter vervoermiddel gebruik 'n deelnemer aan die Dusi-marathon?

Kano

Die oudste kano's was moontlik boomstompe wat met primitiewe gereedskap of vuur uitgehol is. Die Amerikaanse Indiaangroepe se kano's het bestaan uit ligte houtraamwerke, oorgetrek met stukke berkebas wat aanmekaargewerk en met pik waterdig gemaak is. Die Eskimo's (of Inuit) se kano's het walvisbeen-raamwerke wat oorgetrek is met walvis- of robvelle.

Kano's word al van 1896 af vir wedvaarte gebruik. Suid-Afrika het twee wêreldbekende kanomarathons. Die Dusi het in 1951 begin, toe agt kanovaarders in Pietermaritzburg begin roei het. Ian Player (gholfspeler Gary se broer) was ses dae later die enigste van hulle wat in Durban aangekom het, al het 'n slang hom op pad gepik. Sy kano was van hout en seil en het ongeveer 30 kg geweeg.

Die eerste vier marathons het almal net een skof gehad, maar omdat die nagroeiery gevaarlik was, is dit daarna in drie skofte geroei. Deesdae lok dié marathon omtrent 2 000 deelnemers, wat tussen 2 000 en 3 000 helpers het.

Die Bergrivier Kanomarathon, wat in 1962 begin het, word elke Julie oor vier dae beslis. Die deelnemers spring in die Paarl weg en die wedvaart eindig by Velddrif.

Kano's word tans van plastiek of veselglas, rubber, seil of aluminium- en magnesium-allooie gemaak.

Het jy geweet?
- Christopher Columbus het in die Wes-Indiese Eilande gehoor dat die inwoners die woord *canaoua* gebruik vir hulle uitgeholdeboomstam-kano's.
- Die *Nga Toki Matawhaorua* was 'n Maori-oorlogkano wat in 1940 in Nieu-Seeland met beitels gemaak is. Dit was 35,7 m lank, 2 m breed en kon 80 roeiers en 55 passasiers vervoer.

8 Watter Amerikaanse fietsryer het al vyf keer die Tour de France gewen?

Lance Armstrong

Die beroemde uitvinder Leonardo da Vinci het al sketse gemaak van iets wat na 'n fiets lyk, en graaf De Sivrac het in 1690 iets gebou wat 'n fiets genoem kan word, al het dit nie pedale of 'n stuur gehad nie. Hy het voorgestel dat 'n mens 'n wiel aan die twee punte van 'n plank kan vassit, wydsbeen daarop sit, dit balanseer, en met jou voete vorentoe laat beweeg. 'n Eeu later het Blanchard en Magurier dié idee gebruik en die eerste praktiese fiets gemaak, wat bekend was as die *vélocipéde* ("vinnige voet").

In 1817 het die Duitser Karl Friedrich Drais von Sauerbronn 'n stuurstang en 'n saal bygevoeg en 'n stuurmeganisme vir die voorwiel geprakseer. Dié fiets is die *draisienne* genoem en was baie gewild. Pedale was die breinkind van Kirkpatrick Macmillan, 'n Skotse smid. Dié pedale was aan die agterwiele gekoppel en baie ongemaklik. Dit was eers toe Pierre en Ernest Michaux in 1855 pedale aan die voorwiel gemonteer het dat die fiets gewild geword het. Teen 1865 het die Michaux-familie al 400 van dié fietse per jaar gebou. HJ Lawson het in 1874 'n "veiligheidsfiets" gebou wat 'n ketting gehad het.

In 1888 het John Boyd Dunlop die lugband uitgevind, tot groot verligting van alle fietsryers, wat met soliede rubberbande aan hulle "beenskudders" rondgeskud het — op slegte paaie, bygesê. Ratte is in 1906 bygevoeg, saam met die bekende driehoekraam, en toe was daar geen keer meer aan die gewildheid van dié tweewiel-ysterperd nie.

Het jy geweet?

- Die Tour de France is in 1903 vir die eerste keer gehou, en bestaan uit 24 eendag-skofte oor 'n totale afstand van tussen 3 000 en 4 000 km. Die fietsryers volg elke jaar 'n ander roete.
- Lance Armstrong het in 2003 sy vyfde agtereenvolgende Tour de France-oorwinning behaal. Armstrong het in 1996 kanker gehad, maar het ná behandeling herstel, en in 1999 die Tour de France voltooi in die vinnigste tyd wat nog aangeteken is.
- Daar is omtrent 1 miljard fietse in die wêreld, en die meeste daarvan — 400 miljoen — is in Sjina.
- Die wêreldspoedrekord op 'n fiets word gehou deur Nederland se Fred Rompelberg. Hy het in 1995 'n spoed van 268,831 km/h bereik. Hy het darem agter 'n motor gery wat spesiaal vir dié rekordpoging aangepas is.
- Die Liverpool Vélocipéde Club was die eerste fietsryklub, en die eerste fietswedren is in 1868 by Parc Saint-Cloud in Parys gehou oor 'n afstand van 1 200 m.
- Ander Afrikaanse name vir die fiets is "baiesukkel", "haakspeld" en "martelpyp".

Ronell van Rooyen

9 Rangskik die volgende vervoermiddels van die oudste na die jongste: ballon, valskerm, vliegtuig.

Ballon, valskerm, vliegtuig

Ballonvaart het in 1783 begin toe die Montgolfier-broers van Frankryk met ballonne begin eksperimenteer het. Hulle eerste ballon was maar net 'n reuse papiersak wat met warm lug van 'n strooivuur gevul was. Die eerste lewende passasiers in een van hulle ballonne was 'n eend, 'n haan en 'n skaap. In dieselfde jaar het die eerste mens ook 'n ballonvlug onderneem. Dié dapper man was 'n Franse fisikus, Jean Francois Pilâtre de Rozier. JAC Charles van Frankryk het in dieselfde jaar 'n ballon met waterstof gevul en 43 km ver gevlieg. Moderne ballonne gebruik waterstof of helium, en sportballonne gebruik lug wat deur 'n klein brander verhit word.

Die valskerm het kort ná die ballon ontstaan — in 1785, ook in Frankryk. Die uitvinder was Jean Pierre Blanchard, maar dié uitvinding is eers 12 jaar later die eerste keer gebruik toe die dapper Jacques Garnerin uit 'n ballon gespring en 920 m laer grondgevat het.

Die eerste vliegtuig wat met 'n enjin toegerus was, het in 1903 gevlieg, met Orville Wright as die vlieënier.

Ronell van Rooyen

A P Photo/CP, Joe Gibbons

Het jy geweet?

- Kaptein Joseph Kittinger het in 1960 met 'n valskerm uit 'n ballon gespring wat 31 354 m in die lug was en 'n nuwe hoogterekord vir ballonvaart én valskerm-spring opgestel. 'n Jaar later het Malcolm Ross en Victor Prather nóg hoër gevlieg — 34 679 m.
- Die eerste ballonvlug om die wêreld was eers in 1999, toe die Breitlinger Orbiter met Bertrand Piccard en Brian Jones 42 810 km in net minder as 20 dae afgelê het.

10 Waarmee sal 'n mens duisende tonne olie van een land na 'n ander vervoer?

Olietenkskip

Die stad Baku in Aserbeidjan maak daarop aanspraak dat die wêreld se eerste olietenkskip, die stoomskip *Zoroaster*, deur Russiese ambagsmanne daar voltooi is met geld wat Alfred Nobel beskikbaar gestel het. Dié skip het glo in 1878 al olie oor die Kaspiese See vervoer.

Die Union Oil Company, wat in 1890 in Santa Paula, Kalifornië, gestig is, beweer ook dat dit die wêreld se eerste olietenkskip, die *Conch*, laat bou het. Dit was 'n stoomskip met 'n houtromp wat 6 500 vate olie in staal-tenks kon vervoer. Dié skip is egter eers in 1903 gebou, en het later naby Sri Lanka vergaan.

Moderne supertenkskepe word die afgelope halfeeu al meer gebruik om reuse hoeveelhede olie per dag oor die wêreld se seë en oseane te vervoer.

Olietenkskepe kan egter ook ernstige bedreigings vir die ekologie inhou. Volgens die International Association of Independent Tanker Owners (Intertanko), het daar elke jaar vanaf 1995 tot 2001 gemiddeld 408 tenkskepe ter see uitmekaargebreek of ernstige strukturele probleme ondervind, hoofsaaklik as gevolg van botsings of "teg-niese probleme".

In 1979 het meer as 335 miljoen liter ru-olie naby die kus van Trinidad in die Karibiese See beland toe die *Atlantic Empress* en die *Aegean Captain* teen mekaar gebots het.

Teen 2010 moet alle tenkskepe en supertenkskepe wat ru-olie vervoer dubbele rompe hê, met 'n tweede, binneste laag staal wat deur 'n leë ruimte van 'n paar meter van die buitenste romp geskei is.

Het jy geweet?

- Die wêreld se grootste skip is die olietenkskip *Jahre Viking* (wat eers die *Happy Giant* en die *Seawise Giant* was). Dis 458,45 m lank, 68,8 m breed, en kan 650 miljoen liter olie hou. Dis omtrent 3 170 000 vate — genoeg om 'n gesinsmotor meer as 200 000 keer om die aarde te laat ry!
- Die *Jahre Viking* is nie 'n skip wat gou tot stilstand

gebring kan word nie. In 'n noodtoestand sal dit 5 km neem om heeltemal tot stilstand te kom.

- Die grootste olietenks is in Saoedi-Arabië, wat die wêreld se grootste olieprodusent is. Elkeen van die tenks by Ju'aymah is breër as die lengte van 'n sokkerveld en hoër as 'n vierverdiepinggebou.

- Die olieraffinadery in Judibana, Venezuela, kan tot 108 650 000 *l* ru-olie per dag verwerk. Dié raffinadery sal 61 supertenkskepe in 'n jaar kan volmaak.

11 Watter motorrenjaer was van 1995 af al vyf keer die Formule 1 Wêreldkampioen?

Michael Schumacher

Motorwedrenne is deesdae een van die wêreld se gewildste sportsoorte.

Motorsport is amper net so oud soos die motor self. In 1887, skaars 'n jaar nadat Karl Benz se eerste motor in die openbaar verskyn het, is 'n wedren vir selfaangedrewe voertuie gereël. Dit sou tussen Parys en Neuilly gehou word, maar net een motor het opgedaag. In 1894 was daar 'n wedren vir 100 motors tussen Parys en Rouen, en die wenner was graaf Jules de Dion. 'n Jaar later het 'n aantal motors van Parys na Bordeaux en terug gery — 'n volle 1 187 km ver.

Die FIA is in 1904 gestig om wedrenne met 'n bepaalde stel regulasies te organiseer. Die eerste renbaan is in 1907 in Brooklands, Surrey, Engeland, gebou. Motorwedrenne is voor dié tyd altyd van dorp tot dorp gehou.

Die FIA Formule 1 Wêreldkampioenskap is in 1950 geskep, en die eerste Formule 1-wedren was die Britse Grand Prix, wat op 13 Mei 1950 op Silverstone gehou is.

Het jy geweet?

- Die reuse sleepwaens wat die Formule 1-renmotors moet vervoer, weeg omtrent 30 ton elk, het 'n 17,2 *l*-enjin en brandstoftenks wat amper 500 *l* brandstof kan hou. Die totale gewig van die toerusting wat na 'n Grand Prix-wedren vervoer word, is 13 ton.

- Dit kos meer as R14 miljoen om 'n Formule 1-motor te bou. Die enjin en die ratkas kos die meeste — heelwat meer as 'n miljoen rand. Selfs die stuurwiel kos meer as R80 000. Die wiele is die goedkoopste deel van die motor. Die ontwerp van die motor kos byna net soveel soos die vervaardiging self, en die vervoer van die motor en ander toerusting kos ook miljoene.

- 'n Formule 1-renmotor gebruik meer as 150 *l* brandstof in 'n wedren. Tydens 'n besoek aan die kuipe kan meer as 100 *l* brandstof binne 10 sekondes in die motor ingepomp word. 'n Formule 1-span kan meer as 44 000 *l* brandstof per seisoen gebruik.

- Meer as 4 500 bottels wyn, 1 500 bottels sjampanje, 2 000 kg beesvleis en 700 gerookte salms word verbruik oor die drie dae wat die Britse Grand Prix duur.

12 Met watter vorm van vervoer verbind 'n mens die naam Igor Sikorsky?

Helikopter

'n Helikopter is 'n vliegtuig wat met behulp van 'n paar draaiende lemme, wat rotors genoem word, van die grond af gelig word. 'n Helikopter kan op een plek in die lug bly hang, en vorentoe, agtertoe en sywaarts beweeg.

Die Sjinese het in 1010 al 'n speelding (*fei chhe*) uitgevind wat soos 'n helikopter werk, en Leonardo da Vinci

Ronell van Rooyen

het in 1483 'n soort helikopter ontwerp wat die "heliese lugskroef" genoem is, maar dis nooit gebou nie. Sir George Cayley het dit in 1843 reggekry om 'n stoomaangedrewe helikopter 'n paar meter van die grond af te laat opstyg, maar dié vliegmasjien was te swaar om prakties te wees.

In 1938 het die Duitse Focke-Achgelis FW-61 meer as 80 minute op 'n hoogte van hoër as 3 500 m gebly, en 'n jaar later het Igor Ivanovich Sikorsky 'n suksesvolle vlug onderneem met sy VS-300. Sikorsky is in die Oekraïne gebore, maar het later Amerika toe geëmigreer en baie gedoen om die helikopter se sukses te verseker.

Het jy geweet?
• Daar is ongeveer 12 000 helikopters in die Viëtnam-oorlog gebruik.
• Die grootste helikopter is die Russiese Mil Mi-26, wat 40 m lank is en 56 ton weeg met 'n volle vrag. Sonder vrag weeg dit 28,2 ton.

13 Watter Amerikaanse pendeltuig het in 2003 uitmekaargebreek toe dit in die aarde se atmosfeer ingekom het?
Columbia

Die eerste pendeltuig (of herbruikbare ruimtetuig) wat ooit gelanseer is, was die *Columbia*, wat in 1981 ruimte toe gestuur is. Daarna is vier ander pendeltuie gelanseer: die *Challenger* (1983), *Discovery* (1984), *Atlantis* (1985) en *Endeavour* (1992).

Die Russe het in 1950 al begin belangstel in 'n ruimtetuig wat weer gebruik kon word. Die enigste Russiese pendeltuig, die *Boeran*, is in 1988 sonder bemanning gelanseer nadat dit eers deeglik deur opgeleide toetsvlieëniers in die aarde se atmosfeer getoets is. Die

Boeran is weer aarde toe gebring en het 'n veilige afstandbeheerde landing uitgevoer.

"Boeran" is die Russiese woord vir "sneeustorm". Die lanseervuurpyl se naam was die *Energia*, wat 'n vrag van tussen 120 en 155 ton kan lanseer.

A P Photo/Alan Diaz

Boris Jeltsin, Rusland se eerste demokraties verkose president, het in Junie 1992 modelle van die *Boeran* en die *Energia* aan die Smithsonian-instituut in Washington geskenk.

Het jy geweet?

• Die ruimtevaarders in 'n pendeltuig moet weet waar 5 000 los items is, soos fototoerusting, voorraad, kos, gereedskap en allerhande vragonderdele.
• 'n Amerikaanse pendeltuig se amptelike naam is Space Transportation System (STS).

14 Hoe vinnig vlieg 'n vliegtuig as dit 'n snelheid van Mach 1 haal?

Teen die snelheid van klank

Mach 1 dui die snelheid van klank aan. Die snelheid van klank verskil in verskillende mediums, en dit verander ook na gelang van die temperatuur. By seevlak sal Mach 1 (teen 'n temperatuur van 15° C) 1 225 km/h wees, maar 20 km die lug in, waar die temperatuur laer is, sal Mach 1 maar 1 062 km/h wees.

15 Watter mensgemaakte vervoermiddel hou die rekord vir die vinnigste snelheid wat ooit behaal is?

Ruimtetuig

Amerikaanse pendeltuie vlieg gereeld teen 28 000 km/h, maar die vinnigste wat enige mens nog gevlieg het, was 39 897,25 km/h. Dit was die ruimtevaarders van *Apollo 10* wat dié rekord opgestel het.

Een van die bekendste ruimtetuie is die Amerikaanse pendeltuig. Dié tuig bestaan met lansering uit drie dele: die wenteltuig, 'n vastevlerkvliegtuig, wat die bemanning en die vrag dra; twee groot vastebrandstof-vuurpylaanjaers, en 'n brandstoftenk met vloeibare waterstof en vloeibare suurstof vir die wenteltuig. Wanneer dit gelanseer word, is die hele eenheid 56 m hoog en weeg dit 2 000 ton.

'n Paar minute ná lansering val die vuurpylaanjaers met valskerms terug aarde toe, en wanneer die pendeltuig 130 km in die lug is en teen 'n snelheid van Mach 15 beweeg, word die brandstoftenk losgelaat en brand dit in die atmosfeer uit.

Die pendeltuig kan tussen 5 en 30 dae in die ruimte bly, en as dit terugkeer aarde toe, bereik dit 'n snelheid van Mach 22,4. As die pendeltuig deur die atmosfeer beweeg, styg die buitetemperatuur tot 1 460° C — dis hoekom dit met 32 000 hittebestande isoleerteëls bedek is.

A P Photo/Terry Renna

WÊRELD-SPOEDREKORDS

Ruimtetuig	Apollo 10	39 897,25 km/h
Pendeltuig	Endeavour	28 000 km/h
Vegvliegtuig	Mikoyan MiG-25	3 395 km/h
Passasiersvliegtuig	Tupolev TU-144	2 587 km/h
Motor	Thrust II Super Sonic Car	1 227,985 km/h
Trein	TGV Atlantique	515,3 km/h
Vaartuig	Spirit of Australia	511,11 km/h
Motorfiets	Suzuki GSX1300R Hayabusa	312 km/h
Helikopter	Westland Lynx	249,10 km/h
Fiets		89 km/h
Skaatsplank		89 km/h

Antwoorde

A ALGEMENE KENNIS

Maklik

1a	Motor
2b	Lokomotief
3c	Vliegtuie
4a	Kabelkarretjie
5b	Karavaan

Medium

6	Motorfiets
7	Kano

8	Lance Armstrong
9	Ballon, valskerm, vliegtuig
10	Olietenkskip

Moeilik

11	Michael Schumacher
12	Helikopter
13	Columbia
14	Teen die snelheid van klank
15	Ruimtetuig

7

Dis 'n mondvol!

Kos en drank

A ALGEMENE KENNIS

Maklik

1. Wat noem ons kossoorte soos pampoen, kool, blaarslaai, aspersies en wortels (wat ons elke dag behoort te eet)?
   a Nagereg   b Vrugte   c Groente

2. Wat noem ons perskes, piesangs, pynappels en pere (wat ons ook gereeld behoort te eet)?
   a Soetgoed   b Vrugte   c Groente

3. Watter lekker eetding bestaan uit 'n plat maalvleiskoekie in 'n sagte, ronde broodrolletjie met uie, tamatie en lekker souse daarop?
   a Pizza   b Worsbroodjie   c Hamburger

4. Wat noem ons die lekker, koue, soet goed in verskillende kleure en geure wat ons ná ons hoofgereg eet?
   a Vla   b Roomys   c Toebroodjies

5. Watter baie gewilde soet lekkerny word van die kakaoboom se bone gemaak?
   a Sjokolade   b Wafels   c Malvalekkers

Medium

6. Watter gewilde groentesoort laat jou oë traan wanneer jy dit sny?

7. Watter baie gewilde koeldrank is deur dr John Pemberton ontwikkel en eers as 'n "brein- en senuweetonikum" gebruik?

8. Dié ronde nagereg word in 'n pan gebak, en kry 'n vulsel voordat dit opgerol en geëet word.

9. Dis 'n ronde lekkerny wat in verskillende groottes gemaak word en wat oorspronklik van Italië af kom. Die naam beteken "pastei".

10. Watter grassoort se korrels is die stapelvoedsel in baie lande in Asië, veral in Sjina?

Moeilik

11. Watter gewilde warm drankie word gewoonlik van Arabica- of Robusta-bone gemaak?

12. Watter kossoort het name soos camembert, edam, emmental, roquefort en gorgonzola?

13. Van watter vrug word dranke soos chianti, cabernet sauvignon, shiraz en sjampanje gemaak?

14. Watse soort drank is baie gewild by München se Oktoberfest en word van graansoorte en hop gemaak?

15. Dié warm drankie word met Engeland verbind, maar is al duisende jare Sjina se nasionale drank, en Indië is deesdae die grootste produsent daarvan.

Al die antwoorde verskyn aan die einde van die hoofstuk.

Antwoorde

A. ALGEMENE KENNIS
Alles en nog wat

1 Wat noem ons kossoorte soos pampoen, kool, blaarslaai, aspersies en wortels (wat ons elke dag behoort te eet)?
   c Groente

Andrzej Sawa

Groente is die dele van plante wat 'n mens kan eet, soos die stam (aspersie), blare (kropslaai), blaarstingel (seldery), wortel (wortel), knol (aartappel), bol (ui) en blom (broccoli).

Groente is natuurlik goed vir 'n mens, want dis propvol vitamiene, minerale en vesel. Party vrugtesoorte, soos die tamatie, avokado en komkommer, en peulvrugte soos ertjies en boontjies word ook as groente gebruik.

In die Matanuska Vallei in Alaska gebruik boere die lang dae om reuse groente te kweek. Een boer het 'n koolkop gekweek wat 40 kg geweeg het! Die swaarste geelwortel — wat 8,61 kg geweeg het — kom ook uit Alaska. Die wêreld se grootste pampoen is deur Gerry Checkon van die VSA gekweek en het 513 kg geweeg, en Bernard Lavery van Wallis het 'n koolkop van 56,24 kg gekweek. Dis swaarder as die meeste 13-jarige kinders!

Sê wie?

Groente is 'n moet vir elke dieet. Ek stel voor: wortelkoek, murgpampoenbrood en pampoentert.
— Jim Davis, Spotprentkunstenaar (*Garfield*)

Ek hou nie van broccoli nie. Ek hou al vandat ek klein was niks daarvan nie omdat my ma my gedwing het om dit te eet. En ek is die president van die Verenigde State en ek gaan nooit weer broccoli eet nie.
— George Bush, Amerikaanse President (1990)

'n Idealis is iemand wat, wanneer hy agterkom dat rose beter ruik as 'n koolkop, aflei dat 'n mens ook beter sop daarvan sal kan kook.
— Henry L. Mencken

2   Wat noem ons perskes, piesangs, pynappels en pere (wat ons ook gereeld behoort te eet)?
b Vrugte

Vrugte is die deel van 'n plant wat uit die blom ontwikkel en die saad of sade dra. Dié sade ontkiem later en word 'n nuwe plant.

Die binneste laag van die vrugwand word die endokarp genoem (byvoorbeeld die vlesige, eetbare deel van 'n lemoen), die middelste deel is die mesokarp, en die buitenste deel die eksokarp.

Vrugte is ryk aan minerale en vitamiene, veral A, B en C, en bevat ook stysel en suiker, maar nie baie proteïene of vette nie. Pektien is 'n stof wat in vrugte voorkom en gebruik word om jellie en konfyt te laat stol.

Die avokado het die meeste voedingswaarde — 163 kilokalorieë per 100 g — en die komkommer die minste, 16 kilokalorieë per 100 g.

Het jy geweet?
- Die wêreld se grootste versameling vrugtebome — meer as 4 500 — is by Brogdale naby Faversham, Kent, in Brittanje.
- Neute is ook die vrugte van bome of plante. Die dubbelkokosneut van die coco de mer-palm, die wêreld se grootste saad, kan tot 25 kg weeg.

Andrzej Sawa

Sê wie?
Die son, met al daardie planete wat daarom draai en daarvan afhanklik is, kan nog steeds 'n tros druiwe ryp maak asof dit niks anders in die heelal het om te doen nie.
— Galileo Galilei (1564 - 1642)

Niemand in die wêreld het meer moed as die man wat kan ophou nadat hy net een grondboontjie geëet het nie.
— Channing Pollack, Amerikaanse dramaturg

Vermy vrugte en neute. Jy is wat jy eet.
— Jim Davis, Spotprentkunstenaar (*Garfield*)

3   Watter lekker eetding bestaan uit 'n plat maalvleiskoekie in 'n sagte, ronde broodrolletjie met uie, tamatie en lekker souse daarop?
b Hamburger

Andrzej Sawa

Dié lekker rommelkos is vernoem na die Duitse stad Hamburg, en dit wil voorkom of die naam deur Duitse immigrante na die VSA geneem is. Duitse handelaars het glo weer by die Russe met 'n soort "hamburger" kennisgemaak. Die hamburger soos ons dit vandag ken, het in Amerika ontstaan, en 'n klomp Amerikaners glo dat húlle die eerste regte hamburgers gemaak het.

Die dorpie Seymour in Wisconsin is só seker dat Charles Nagreen die hamburger in 1885 daar uitgevind het dat hulle 'n Hamburger Hall of Fame het. Die inwoners noem Seymour die "Tuiste van die Hamburger", en hulle hou selfs elke jaar 'n Burger Festival, met die "wêreld se grootste hamburger-parade".

Het jy geweet?
- Die kitskosgroep McDonald's, wat van 1955 af bestaan, het nou al 30 000 restaurante in 120 lande. As jy elke dag een McDonald's besoek, sal dit jou meer as 82 jaar neem om by almal uit te kom!
- Die eerste McDonald's in Moskou is in 1990 geopen, en in Indië, waar beeste heilig is, word skaapvleis vir McDonald's se hamburgers gebruik.

Sê wie?
Kinders se idee van 'n gebalanseerde dieet is 'n hamburger in elke hand.
— Cyber Quotations

Iets is verkeerd as jy dertig minute moet tou staan om 'n hamburger te kry wat 'n uur tevore negentig sekondes lank gebak is.

— Lewis Grizzard, Amerikaanse rubriekskrywer

4 Wat noem ons die lekker, koue, soet goed in verskillende kleure en geure wat ons ná ons hoofgereg eet?

b Roomys

Die eerste roomys is duisende jare gelede al in Sjina geëet, en die Italiaanse ontdekker Marco Polo het "vrugte-ys" beskryf wat hy in Sjina gesien het. Die patent vir die roomyshorinkie (cone) is in 1903 al aan Italo Marchiony toegeken, 'n Italiaanse immigrant in die VSA, en 'n hele klomp verskillende roomyshorinkies is in 1904 by die World's Fair in St Louis bekendgestel. 'n Mens gebruik omtrent 50 lekke om 'n gewone roomyshorinkie op te eet!

Die lande wat die meeste roomys eet, is die VSA, Nieu-Seeland en Denemarke. Die gewildste roomysgeure is vanielje (29%) en sjokolade (9%), en 80% van die vanielje wat in roomys gebruik word, kom uit Madagaskar.

Andrzej Sawa

Het jy geweet?

• Helados Coromoto, 'n roomyswinkel in Venezuela, verkoop 550 verskillende geure roomys. 'n Mens kry selfs knoffelroomys! En grootmense eet meer as die helfte van die wêreld se roomys.

Sê wie?

Roomys is voortreflik. Wat 'n jammerte dis nie onwettig nie.

— Voltaire (Francois Marie Arouet), Franse filosoof (1694 - 1778)

Ons vertrou nie ons eie spitsvondigheid om van ons huis 'n aangename plek vir ons vriende te maak nie, daarom koop ons roomys.

— Ralph Waldo Emerson, Amerikaanse skrywer en digter (1803 - 1882)

Ek twyfel of die wêreld enige meer verruklike verrassing kan inhou as 'n mens se eerste avontuur met roomys.

— Heywood Campbell Brown (1888 - 1939)

5 Watter baie gewilde soet lekkerny word van die kakaoboom se bone gemaak?

a Sjokolade

Andrzej Sawa

Sjokolade was eers 'n warm drankie wat die Asteke in Mexiko gedrink het. Hulle het dit *xocoatl* genoem, wat "bitter water" beteken. Dié drankie is van bitter kakaobone gemaak en is versoet en met kaneel en vanielje gegeur. Die Majas en Asteke het kakaobone ook as geldeenheid gebruik.

Dié drankie is later in Europa bekendgestel, en in 1700 het die Engelse melk begin byvoeg.

Sjokolade was eers baie duur, maar teen die middel van die 19de eeu kon almal dit bekostig.

Het jy geweet?

• Tussen 8 en 23 Maart 1997 het 'n Argentynse bakker, José Rafael Palermo, 'n huis van sjokolade "gebou". Dit was meer as 4 m hoog en breed, en het 'n allemintige 5,08 ton geweeg — die grootste sjokolademodel wat ooit gemaak is.

• 'n Reuse Spaanse seilskip van sjokolade, wat in Spanje gemaak is, is in 1991 by 'n skou uitgestal. Dit was 8,5 m hoog, 13 m lank en 2,5 m breed.

• 'n Sjokoladestafie is in die skip *Discovery* gekry. Dis die skip wat die ontdekkingsreisiger Robert Falcon Scott in 1901 tot 1905 gebruik het toe hy die Suidpool gaan verken het. Volgens Cadbury, die maatskappy wat die 10 cm lange stafie gemaak het, kan 'n mens dit nog eet! Die stafie is deur die afslaer Christie's in Londen vir £500 (R6 500) verkoop.

Sê wie?

Navorsing het bewys dat veertien uit elke tien mense van sjokolade hou.

— **Sandra Boynton in** *Chocolate: The consuming passion*

Soos met die meeste wonderlike dinge het sjokolade ook sy seisoen. Daar is 'n eenvoudige manier om te onthou wanneer dit die regte tyd is om sjokolade te eet: enige maand wat die letter a, e of u in die naam het, is die regte tyd vir sjokolade.

— **Sandra Boynton in** *Chocolate: The consuming passion*

6 Watter gewilde groentesoort laat jou oë traan wanneer jy dit sny?
Uie

Die ui is eintlik 'n lid van die leliefamilie — net soos knoffel, tulpe, hiasinte en daglelies. Dit kom uit suidwes-Asië, maar dit word nou oor die hele wêreld gekweek.

Een van die olies wat in 'n ui voorkom, stel swaelsuur vry wanneer die ui gesny word, en dís wat 'n mens se oë so laat traan. Kenners sê as 'n mens 'n ui onder lopende water sny, of dit vries voor jy dit sny, sal jou oë nie traan nie.

Die woord "ui" kom van die Latynse woord *unus*, wat "een" beteken.

Het jy geweet?
- Die ou Egiptenare het die ui aanbid, en dié groente baiekeer saam met die farao's begrawe.
- Die wêreld se swaarste ui het 5,5 kg geweeg!

Sê wie?

'n Ui kan 'n mens laat huil, maar daar is nog nie 'n groentesoort ontdek wat 'n mens kan laat lag nie.

— **Will Rogers, Amerikaanse humoris, akteur en skrywer (1879 - 1935)**

7 Watter baie gewilde koeldrank is deur dr John Pemberton ontwikkel en eers as 'n "brein- en senuweetonikum" gebruik?
Coca-Cola

Coca-Cola, of Coke, is in 1886 al deur dr John Pemberton van die VSA gemaak. Hy het 'n stroop van gesmelte suiker, water en ander bestanddele in 'n groot driepoot-koperketel in sy agterplaas gekook. Sy boekhouer, Frank Robinson, het die naam Coca-Cola voorgestel omdat daar kokablare en kolaneute in die resep was. Die eerste jaar se inkomste uit dié "medisyne" was $50, en die advertensies het $73,96 gekos. Tans is Coca-Cola die tweede waardevolste handelsnaam in die wêreld.

Die koeldrank het ontstaan toe iemand wat by die apteek ingestap het, voorgestel het dat die stroop met sodawater gemeng moet word.

Die bekende Coca-Cola-bottel is in 1915 uitgedink, en die vorm is dié van 'n kakaoboon.

Dié koeldrank is van 1955 af al in 'n blikkie beskikbaar.

Het jy geweet?
- In 1985 het Coca-Cola die eerste "ruimtedrankie" geword toe dit in die pendeltuig *Challenger* gedrink is.
- Vandag is Coca-Cola die wêreld se bekendste handelsmerk. Meer as 1 miljard Cokes word elke dag oor die hele wêreld gedrink.

8 Dié ronde nagereg word in 'n pan gebak, en kry 'n vulsel voordat dit opgerol en geëet word.
Pannekoek

Die nederige pannekoek is dalk die oudste voorbereide kossoort. Die eerste pannekoeke was 'n mengsel van gemaalde graan en water wat op 'n plat, warm klip gebak is. Vandag is daar pannekoeksoorte soos Franse *crêpes*, Hongaarse *palacintas*, Indiese *dosai*, Italiaanse *cannelloni*, Joodse *blintzes* en Russiese *blini*.

Die Amerikaners eet graag pannekoeke met esdoringstroop, en hou van allerhande vulsels. Die Rooms-Katolieke noem die Dinsdag vóór Vastedag Pannekoek-Dinsdag, want dan word alle meel, eiers, melk en botter gebruik om pannekoek te bak.

Die wêreld se grootste pannekoek is in 1994 in Manchester gebak. Dit het 'n deursnee van 15,01 m gehad, was 2,5 cm dik en het 3 ton geweeg.

Ralf Laue van Duitsland het 'n pannekoek 416 keer binne twee minute in die lug opgegooi en omgekeer.

Sê wie?

Elke pannekoek het twee kante.
> — Will Rogers, Amerikaanse humoris, akteur en skrywer (1879 - 1935)

Andrzej Sawa

9 Dis 'n ronde lekkerny wat in verskillende groottes gemaak word en wat oorspronklik van Italië af kom. Die naam beteken "pastei".

Pizza

Plat, gebakte brood met lekkernye bo-op is al eeue lank bekend en het veral in Napels, Italië, gewild geword. Die eerste pizzeria wat pizzas gebak het soos ons dit vandag ken, is in 1830 in Napels, Italië, geopen. In 1889 is die eerste pizza afgelewer. Dit het só gebeur: koning Umberto I en koningin Margeritha was in die stad, en omdat die koningin nie wou uitgaan om pizza te koop nie, het Raffaele Esposito, die eienaar van die pizzeria Pietro il Pizzaiolo, ingestem om een vir haar te gaan aflewer. Haar gunsteling was die pizza met tamaties, basielkruid en mozzarellakaas (wat van waterbuffelmelk gemaak word), en dis ter ere van haar dat dié pizza Margeritha genoem word. Dis vandag nog een van die gewildste pizzas.

Die Italianers wat na Amerika geëmigreer het, het die pizza aan die Amerikaners bekendgestel, maar dié lekkerny het eers gewild geword nadat Amerikaanse soldate wat in die Tweede Wêreldoorlog in Italië was, dit daar leer eet het.

Andrzej Sawa

Het jy geweet?

- Die wêreld se grootste pizza is by die Norwood Hipermark in Johannesburg gebak. Dit het 'n deursnee van 37,4 m gehad, en het 4 500 kg meel, 90 kg sout, 1 800 kg kaas en 900 kg tamatiepuree bevat!

Sê wie?

Dis raar maar waar: Amerikaners eet elke dag 30,35 hektaar pizza.
> — Boyd Matson, TV-joernalis

Ons lewe in 'n tyd wat pizza voor die polisie by jou huis aankom.
> — Jeff Arder

10 Watter grassoort se korrels is die stapelvoedsel in baie lande in Asië, veral in Sjina?

Rys

Rys is al eeue lank die stapelvoedsel in baie lande in Asië. Dié korrels is moontlik 8 000 jaar gelede al in Thailand as kos gebruik, en 7 000 jaar gelede in die res van suidoos-Asië. Daar is ook bewyse dat dit duisende jare gelede al in Indië geëet is.

Rys is 'n lid van die grasfamilie, en rysplante wat in warm, vogtige omstandighede groei, word tot 1 m hoog. Daar is drie basiese soorte rys: langkorrelrys is vier maal langer as wat dit breed is, mediumkorrelrys is korter en dikker, en kortkorrelrys is amper rond. Rys bevat nie cholesterol, vet of kalium nie, en dit het ook min kalorieë. Dit bevat ook nie gluten nie, en daarom kan dit nie gebruik word om brood te bak nie.

Rys word nie net so geëet nie, maar ook gebruik in

hondekos, bier, ontbytkos, babakos, bevrore kosse en souse. In Japan word rys gebruik vir ryswyn of saki, en in Sjina en Indië maak die inwoners ook drank daarvan.

Die rysplant is baie veelsydig: die strooi word ook gebruik vir dakke, matte, klere, tou en besems.

Andrzej Sawa

Het jy geweet?
- 50% van die wêreld se rys word geëet binne 13 km van die plek waar dit gekweek word.
- Meer as 1 miljard mense in die wêreld is by die verbouing van rys betrokke.
- Elke Amerikaner eet omtrent 9,5 kg rys per jaar, en die Franse maar 4,5 kg. Die inwoners van Asië eet gemiddeld 137 kg rys per jaar.

Sê wie?
Rys is 'n pragtige kossoort. Dis mooi wanneer dit groei, in presiese rye glinsterende groen stingels wat opskiet om die warm somerson te bereik. Dit is pragtig wanneer dit geoes word, herfsgoud gerwe opgestapel op die lappieskombers-ryslande. Dis pragtig wanneer dit gewan word, en in die ryskiste invloei soos 'n vloed saadpêreltjies. Dis pragtig wanneer dit deur 'n kenner gekook word, suiwer wit en geurig.

— Shizuo Tsuji

Rys is die beste en voedsaamste stapelvoedsel, en sonder twyfel die stapelvoedsel wat die meeste in die wêreld gebruik word.

— Escoffier, beroemde Franse chef (1846 - 1935)

11 Watter gewilde warm drankie word gewoonlik van Arabica- of Robusta-bone gemaak?
Koffie

Koffie is 'n drankie wat al eeue oud is, en word van die dieprooi bone van die koffieboom gemaak.

Volgens een storie kom koffie uit Oos-Afrika. 'n Skaapwagter in Ethiopië het glo gesien dat sy skape heel-

nag wakker bly nadat hulle koffiebone gevreet het. Hy het dit toe ook geëet — en dié nag nie 'n oog toegemaak nie!

Wilde koffieplante is in die 15de eeu van Afrika na die suide van Arabië geneem en daar geplant. Koffie is in die volgende paar eeue in Europa bekendgestel, waar dit "Arabiese wyn" genoem is, en daarvandaan het dit na die res van die wêreld versprei.

Die twee belangrikste koffiesoorte is Arabica, wat in Sentraal- en Suid-Amerika gekweek word, en Robusta, wat hoofsaaklik in Afrika voorkom.

Het jy geweet?
- Johann Sebastian Bach het selfs "koffiemusiek" geskryf en dit Die Koffiekantate genoem!
- Koffie is die belangrikste landbougewas op wêreldmarkte.
- Hawaii is die enigste staat van die VSA wat koffie produseer.
- Die wêreld se voorste koffieprodusent is Brasilië, met Viëtnam in die tweede plek.
- Pous Johannes Paulus II het in 2003 'n monnik met die naam Marco d'Aviano tot heilige verklaar. Dit was 300 jaar ná die dood van dié monnik, wat in 1683 gehelp het om Katolieke en Protestante te verenig om teen die Ottomaanse Turke te veg en te keer dat die Turke Europa binneval. Vader d'Aviano was ook verantwoordelik vir die ontstaan van cappucino, die warm skuimdrankie wat vandag so gewild is. Toe die Turke gevlug het, het hulle sakke koffie agtergelaat. Dit was egter te bitter vir die goeie vader d'Aviano, wat melk en heuning bygegooi het. Die drankie is vernoem na die Kapusyner-orde waartoe hy behoort het.

Andrzej Sawa

Sê wie?
Sonder my oggendkoffie is ek soos 'n stuk gedroogde, gebraaide ou bok.

— Johann Sebastian Bach: *Die Koffiekantate* (1685 - 1750)

Die reuk van koffie was die rede waarom kinders grootgeword het, want hulle is nooit toegelaat om dit te drink nie, en niks het hulle neusgate so geprikkel soos die geur van vars koffie nie.

— Edna Lewis, skrywer van *The taste of country cooking*

12 Watter kossoort het name soos camembert, edam, emmental, roquefort en gorgonzola?
Kaas

Kaas word gemaak van die melk van diere soos beeste, skape en bokke — en selfs waterbuffels, kamele, perde en rendiere! Kaas is voedsaam en natuurlik, kan oral gemaak word, en is 'n belangrike manier om melk te bewaar. En dis maklik om kaas te maak! Warm melk word toegelaat om suur te word, en dan word die stremsel (die soliede gedeelte) van die wei geskei. Kleursel en suursel word bygevoeg, en die wrongel word dan in vorms geplaas, na gelang van watse soort kaas gemaak word. Die kaas word daarna in spesiale kamers of grotte gehou, waar die temperatuur en humiditeit noukeurig beheer word. Die gasse wat uit die kaas ontsnap, veroorsaak gate (soos in Switserse kase).

Kase word ingedeel in baie hard (parmesaan), hard (cheddar), semisag (roquefort) en sag (brie).

Sê wie?

Hoe kan iemand van 'n mens verwag om oor 'n land te regeer wat 246 soorte kaas het?

— Charles de Gaulle, president van Frankryk (1890 - 1970)

'n Kaas kan teleurstel. Dit kan lusteloos wees, dit kan naïef wees, dit kan te gesofistikeerd wees. Maar tog bly kaas melk se sprong na onsterflikheid.

— Clifton Fadiman, Amerikaanse skrywer en radio-aanbieder (1904 -)

13 Van watter vrug word dranke soos chianti, cabernet sauvignon, shiraz en sjampanje gemaak?
Druiwe

Andrzej Sawa

"Heeden is, Gode loff, vande Caepse druyven d'eerste mael wijn geparst ende van die nieuwe most soo versch uyt de cuyp de proef genomen..." Só besing Jan van Riebeeck in Februarie 1659 in sy *Scheepsjournael ende Daghregister* die eerste wyn wat aan die Kaap gemaak is.

Hy het in 1652 al, skaars 'n maand na sy aankoms aan die Kaap, wingerdstokke bestel. Die stokkies muskadel, hanepoot (of Muscat d'Alexandrie) en fransdruif het op 22 Julie 1655 met die *Leeuwin* hier aangekom en is later in die Kompanjie se tuin geplant. Dit was die begin van die Kaapse wynbedryf, wat vandag nog wyne van wêreldgehalte oplewer.

Wyn is 'n alkoholiese drank wat gewoonlik gemaak word deur die sap van druiwe te laat gis, alhoewel ander vrugte en bessies ook gebruik word. Wyn se alkoholinhoud wissel van 7% tot 16% alkohol per volume.

Die beginsel van wynmaak is redelik eenvoudig. Druiwe wat pas gepluk is, word gepars sodat dit druiwesap (mos) kan vrystel, wat baie suiker bevat. Gis word bygevoeg om die gistingsproses te begin, en dit stel etielalkohol en koolstofdioksied vry.

Chianti is 'n ligte Italiaanse rooiwyn wat van Toskane in die noordweste van Italië af kom. Cabernet sauvignon is 'n droë rooiwyn wat van cabernet sauvignon-druiwe gemaak word. Shiraz is 'n swart druifsoort, wat veral in Australië en Suid-Afrika gebruik word om wyn te maak, en sjampanje is 'n droë, wit vonkelwyn wat in die Champagne-streek in die noordooste van Frankryk gemaak word. Die naam "sjampanje" word ook algemeen gebruik vir ander vonkelwyne wat by spesiale geleenthede gedrink word.

Het jy geweet?
• Die Ko-operatiewe Wijnbouwers Vereniging (KWV) se

kelders in die Paarl strek oor 'n gebied van 22 hektaar en kan 121 miljoen liter wyn berg.

- Die wêreld se kleinste wynbottels is met die hand gemaak deur Steve Klein van Encino, Kalifornië. Elkeen van dié klein botteltjies is 3,2 cm hoog, met 'n kurk en 'n etiket, en bevat 0,75 ml wyn.
- Die duurste wyn wat kommersieel beskikbaar is, is 'n Chateau d'Yquem Sauternes van 1787, wat tussen $56 000 en $64 000 per bottel kos!
- In die Middeleeue is wyn as ruilmiddel gebruik.
- Die 17de-eeuse Benediktynse monnik Dom Perignon word beskou as die uitvinder van sjampanje en die kurkproppe waarmee wynbottels verseël word. Toe hy die eerste sjampanje geproe het, het hy glo uitgeroep: "Kom gou — ek proe sterre!" Hy het dié wyn in die Champagne-streek in Frankryk gemaak, en vandag mag geen wyn wat buite dié gebied gemaak word, "sjampanje" genoem word nie.
- Die grootste wynbottel word 'n Nebukadneser genoem. Dit hou 15 ℓ of 120 glase wyn.

Sê wie?

Wat ek die graagste drink, is wyn wat aan iemand anders behoort.
— Diogenes, 'n Griekse filosoof (320 vC)

'n Maaltyd sonder wyn is soos 'n dag sonder sonskyn.
— Jean-Anthelme Brillat-Savarin, Franse regsgeleerde en politikus, in *Die Fisiologie van Smaak* (1826)

Wyn maak 'n simfonie van 'n goeie maaltyd.
— Fernande Garvin in *Die kuns van Franse kookkuns* (1958)

14 Watse soort drank is baie gewild by München se Oktoberfest en word van graansoorte en hop gemaak?
Bier

Bier is 'n alkoholiese drank wat gemaak word van gars, hop (vir die geur), gis en water. Die gars word in water geweek, toegelaat om te ontkiem, en dan gedroog, en dié mout word dan met hop gegeur.

Bier is een van die oudste drankies en is al in antieke Egipte geniet. Die eerste bier in Suid-Afrika is in 1658 aan die Kaap gebrou, en dit het gehelp om skeurbuik te voorkom omdat dit vitamiene, minerale en koolhidrate bevat. In Italië is bier bekend as "vloeibrood"!

Het jy geweet?

- Suid-Afrika se SAB het in 2002 die VSA se Miller oorgeneem, en SABMiller is nou die wêreld se tweede grootste brouery, met 'n produksie van 120 miljoen hektoliter per jaar! Dié maatskappy het 118 brouerye in 24 lande.
- Die Tsjegge drink elke jaar die meeste bier — 160 ℓ per persoon! Dis dubbeld soveel as die gemiddelde Amerikaner.

Andrzej Sawa

Sê wie?

Melk is vir babas. As jy grootword, moet jy bier drink.
— Arnold Schwarzenegger, Amerikaanse akteur (1975)

'n Land kan nie regtig 'n land wees as dit nie 'n bier en 'n lugdiens het nie. Dit help as jy 'n soort sokkerspan het, of 'n paar kernwapens, maar jy moet ten minste 'n bier hê.

— Frank Zappa, Amerikaanse komponis en rock-ster (1940 - 1993)

15 Dié warm drankie word met Engeland verbind, maar is al duisende jare Sjina se nasionale drank, en Indië is deesdae die grootste produsent daarvan.
Tee

Tee word al meer as 4 700 jaar lank in Sjina gedrink. Daar word gesê dat keiser Shen Nung onder 'n teeplant (*Camellia sinensis*) gesit het toe 'n blaar van dié boom in sy warm water geval het. Tee het Sjina se nasionale drank geword, en die teedrink-gewoonte het na Japan versprei.

Jesuïtiese sendelinge het later dié gewoonte na Europa geneem, waar dit eers in Nederland posgevat het en teen 1657 in Engeland uitgekom het.

Wilde teebome kan tot 30 m hoog word, maar teeplante wat gekweek word vir kommersiële gebruik is 1 m hoog, en net die boonste twee blare word gepluk. Indië produseer byna 30% van die wêreld se tee, en Sri Lanka voer 21% van die wêreld se tee uit as Ceylon-tee. Ceylon was die ou naam vir Sri Lanka.

Die bekendste teesoorte is na streke vernoem, soos Assam, Darjiling, Kenia en Ceylon, maar mense is ook vernoem, byvoorbeeld Earl Grey, 'n Britse eerste minister in die tyd van koning William IV.

Andrzej Sawa

Het jy geweet?
- Thomas Sullivan van New York het in 1908 die teesakkie bekendgestel. Hy het aanvanklik dié sakkies in plaas van duur blikkies gebruik om voorbeelde van sy tee na klante toe te stuur.
- Die beroemde Boston Tea Party het in 1773 plaasgevind toe inwoners van Boston, Massachusetts, besluit het om protes aan te teken teen die belasting wat die Britte gehef het op tee wat die kolonies ingevoer het. Dié groep wou nie gehad het die 342 kiste tee, wat op drie Britse skepe was, moes afgelaai word nie. Massachusetts se goewerneur, Thomas Hutchinson, wou weer nie toelaat dat die skepe terugkeer Engeland toe voordat die belasting betaal is nie. Die inwoners van Boston het die tee toe in die nag in die see gesmyt, en toe die Bostonse owerhede weier om die belasting te betaal,

het die Britte die hawe gesluit. En toe begin dié teeparty lelik skeefloop... Skaars twee jaar later het die Amerikaanse Vryheidsoorlog uitgebreek.

Sê wie?

Tee laat die gees bedaar, maak die verstand rustig, verdryf moegheid en verlig vermoeienis, verbeter die denke en voorkom lomerigheid.
— Lu Yu in *Die klassieke kuns van tee*

Wyn is die drank van die gode, melk die drank van babas, tee die drank van vroue, en water die drank van diere.
— John Stuart Blackie (1809 - 1895)

Antwoorde
A ALGEMENE KENNIS
Maklik
1c Groente
2b Vrugte
3c Hamburger
4b Roomys
5a Sjokolade

Medium
6 Uie
7 Coca-Cola
8 Pannekoek
9 Pizza
10 Rys

Moeilik
11 Koffie
12 Kaas
13 Druiwe
14 Bier
15 Tee

8

Ver, verder, verste

Die ruimte

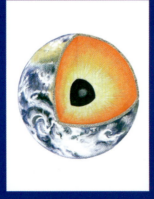

Inleiding

In die vyf sekondes wat dit jou neem om dié sin te lees, het jy en die aarde al 148,95 km deur die ruimte afgelê, teen 107 244 km/h, of 29 790 m/sek. Teen die tyd dat jy al die vrae en antwoorde gelees het, het nog 12 958,65 km verbygeglip!

A ALGEMENE KENNIS

Maklik

1. Wat is die naam van die helder hemelliggaam wat ons amper elke aand in die lug sien?
   a Maan　　　b Son　　　c Komeet
2. Wat kom elke oggend vroeg op, skyn die hele dag, en gaan dan weer onder?
   a Maan　　　b Son　　　c Komeet
3. Wat is die naam van die derde planeet van die son af?
   a Mercurius　　b Aarde　　c Mars
4. Waarmee word ruimtemanne en -vroue ruimte toe gestuur?
   a Ruimtetuig　b Lugballon　　c Helikopter
5. Wie het in 2002 Suid-Afrika se eerste ruimteman geword?
   a Brett Shuttleworth
   b Neil Armstrong
   c Mark Shuttleworth
6. Watter ster is die grootste in ons sonnestelsel?
   a Son　　　b Alfa centauri　　c Jupiter

B PLANETE

Medium

Watter planete is dit dié? Kyk of jy die planeet kan herken as jy al die leidrade bymekaarsit. Elke planeet se naam kom net een keer voor.

7. Dis 'n planeet wat al meer as 4 miljard jaar gelede ontstaan het en vernoem is na die Romeinse god van landbou. Dit skep drie keer meer hitte as wat dit van die son af kry. Dit het ook 'n stelsel ringe wat na die letters van die alfabet vernoem is. Dié ringe bestaan uit meer as 100 000 dunner ringe, wat saamgestel is uit stukke ys, rots en bevrore gasse.
8. Hierdie planeet is eers in 1781 ontdek, en is die "Ster van George" genoem (na koning George III van Brittanje). Die naam was later ook Herschel (die sterrekundige wat dit ontdek het), en toe is dit vernoem na die Griekse god van die hemel.
9. Dis die vyfde grootste planeet, en dis gemiddeld 149 miljoen km van die son af. Dit beweeg teen 20,1 km/sek om die son, en dis die enigste planeet wat nie na 'n Romeinse of Griekse god/in vernoem is nie. Dis ook die enigste planeet wat net een maan het.

10. Hierdie planeet kan baie goed van die aarde af gesien word, en dis bekend as die oggendster én die aandster. Dit het nie 'n maan nie, en dis die enigste planeet wat na 'n vroulike godin vernoem is.
11. Dis 'n gelerige planeet, die enigste in ons sonnestelsel wat in die 20ste eeu ontdek is (in 1930), en dit neem 247,7 jaar om een keer om die son te wentel. Van dié planeet af lyk die son 1 600 maal dowwer as van die aarde af, en dit weeg maar 0,22% van die aarde se gewig.
12. Dié planeet is naaste aan die son, en omdat dit 'n baie donker kleur het, weerkaats dit nie die sonlig goed nie. Dit het nie 'n maan nie, en dit wentel een keer elke 88 dae om die son. Dis vernoem na die Romeinse boodskapper van die gode.
13. Die Romeinse god van oorlog se naam is eeue gelede al aan dié planeet gegee. Een van ons maande is ook na hom vernoem. 'n Mens kan hierdie planeet van die aarde af sien, en omdat dit 'n rooierige skynsel het, word dit ook die Rooi Planeet genoem. Dit het twee mane — Phobos en Deimos.
14. Dis die vierde grootste planeet in ons sonnestelsel, en het die sterkste winde van al die planete: hulle kan teen 2 000 km/h waai! Dié planeet is vernoem na die Romeinse god van die see, wat ook Jupiter se broer was.
15. Dié planeet is 'n reuse bol gasse en vloeistowwe wat deur swaartekrag bymekaargehou word. Dis vernoem na die oppergod in die Romeinse mitologie, en dis 1 400 maal so groot soos die aarde! Al die planete in ons sonnestelsel sal in dié planeet kan inpas. Dit draai ook vinniger as enige ander planeet.

Al die antwoorde verskyn aan die einde van die hoofstuk.

Antwoorde

A. ALGEMENE KENNIS
Alles en nog wat

1 **Wat is die naam van die helder hemelliggaam wat ons amper elke aand in die lug sien?**
   a Die maan

Die maan se deursnit is 3 477 km. Dis omtrent 'n kwart van dié van die aarde, en amper die breedte van Australië. 'n Ruimtevaarder sal maar 22 kg op die maan weeg, want die swaartekrag op dié hemelliggaam is net $^1/_6$ van dié op aarde.

Die maan is baie naby aan die aarde — gemiddeld maar 384 403 km ver. As 'n mens met 'n gewone motor maan toe sou ry, sou dit ongeveer 133 dae neem (as jy nie een keer stilhou nie). Daar waai geen wind op die maan nie, en die voetspore wat die ruimtevaarders daar agtergelaat het, sal tot 100 miljoen jaar net so daar bly lê.

Die maan se swaartekrag veroorsaak ook die twee daaglikse getye in die aarde se oseane, en as die son se swaartekrag bykom, kry ons 'n baie hoë gety, wat springgety genoem word.

2 Wat kom elke oggend vroeg op, skyn die hele dag, en gaan dan weer onder?

a Die son

Die son is die grootste hemelliggaam in ons sonnestelsel, en al nege planete draai in bane om die son. Die temperatuur by die son se kern is omtrent 14 miljoen° C, en op die son se oppervlak is dit omtrent 5 500° C. Sonvlekke is effens koeler, donkerder dele op die son, en een van hulle kan so groot wees soos die planeet Jupiter. Dié sonvlekke word veroorsaak deurdat sterk magnetiese velde die hittevloei van die son se binnekant af beperk. Die son bevat 99% van al die massa in ons sonnestelsel, en dit draai binne net 25 dae om sy eie as.

3 Wat is die naam van die derde planeet van die son af?

b Aarde

Die aarde is omtrent 4,6 miljard jaar oud, en is die enigste planeet in ons sonnestelsel waar die regte toestande vir lewe bestaan. Die omtrek by die pole is net minder as 39 942 km, en by die ewenaar is dit effens meer – 40 076 km. Seë en oseane bedek omtrent 71% van die aarde se oppervlak.

4 Waarmee word ruimtemanne en -vroue ruimte toe gestuur?

a Ruimtetuig

Die eerste soliede vuurpylbrandstof was sekerlik 'n soort buskruit. Die eerste keer wat buskruit genoem word, is in die 3de eeu vC, toe dit al in Sjina bestaan het. Teen 1232 het die Sjinese al militêre vuurpyle gebruik wat só beskryf word: *Toe die vuurpyl afgevuur is, het dit 'n geluid soos donderweer gemaak, wat omtrent 24 km ver gehoor kon word, en toe dit weer op die grond geland het, het dit verwoesting gesaai oor 'n afstand van 600 m.*

Die Arabiere het ook met die vuurpyle kennisgemaak toe die Mongole dit in 1258 gebruik het om Bagdad in te neem. Die gebruik van vuurpyle het binne 'n paar dekades na die res van Asië en Europa versprei. Dis ook later in die Amerikaanse Vryheidsoorlog gebruik.

Vuurpyle het eers werklik doeltreffend geword ná die werk wat mense soos die Amerikaner Robert H. Goddard en die Duitser Wernher von Braun gedoen het – onder andere die ontwikkeling van beter soorte vuurpylbrandstof.

Die eerste ruimtetuig was die satelliet *Spoetnik 1*, wat die USSR in Oktober 1957 gelanseer het. Die VSA se antwoord was *Explorer 1*, wat in Januarie 1958 gelanseer is. Tien maande later het NASA (National Aeronautics and Space Administration) ontstaan. In die afgelope byna 50 jaar is meer as 3 000 ruimtetuie van alle soorte gelanseer, waaronder duisende satelliete wat elke dag om die aarde wentel, en 12 ruimtevaarders het al op die maan geloop.

'n Bemande ruimtetuig is ontwerp om die ruimtevaarders te voorsien van suurstof, kos, water, slaapplek en alle elektroniese navigasie- en kommunikasietoerusting wat hulle sal nodig hê om die vlug te voltooi. Dit moet ook 'n hittebestande skild hê wat dit kan beskerm wanneer die ruimtetuig weer in die atmosfeer inkom.

A P Photo/NASA TV

5 Wie het in 2002 Suid-Afrika se eerste ruimteman geword?

c Mark Shuttleworth

Mark Shuttleworth, 'n internet-miljardêr, het sy maatskappy, Thawte Consulting, aan die Amerikaanse maatskappy Verisign verkoop. Hy het in 2002 Suid-Afrika se eerste ruimtevaarder geword toe hy die internasionale ruimtestasie in 'n Russiese *Sojoes*-ruimtetuig besoek en 'n week daar deurgebring het.

Suid-Afrika se eerste wetenskap-satelliet, *Sunsat*, is op 23 Februarie 1999 in die VSA met 'n Delta 2-vuurpyl gelanseer. *Sunsat* is by die Universiteit van Stellenbosch gebou en was ook Afrika en die suidelike halfrond se eerste satelliet. Die universiteit het byna twee jaar later, in Januarie 2001, kontak verloor met *Sunsat*. 'n Volgende mikrosatelliet, *SunSpace-180*, is ook intussen bekendgestel.

Wanneer ruimtevaarders op 'n sending is, kan hulle tot 5 cm langer word! Dis darem net tydelik. Sonder swaartekrag sit die kraakbeen-kussinkies tussen die rugwerwels uit en word die liggaam langer. Sodra die ruimtevaarders weer op die aarde is, "krimp" hulle terug na hulle normale lengte.

A P Photo/Mikhail Metzel

6   Watter ster is die grootste in ons sonnestelsel?
Die son

Net 55% van alle Amerikaners weet dat die son 'n ster is! Dis die naaste ster aan die aarde — net 149,6 miljoen km van ons af. As 'n mens met dieselfde motor van netnou teen 120 km/h son toe sou ry, sou dié reis 142 000 jaar duur.

'n Mens kan net 8 000 sterre met die blote oog sien — 4 000 in elke halfrond. Die meeste sterre wat 'n mens egter op een slag kan sien, is maar 2 000.

Die volgende naaste ster aan die aarde is Proxima Centauri, 'n rooi reus wat 4,29 ligjare van die aarde af is.

'n Ligjaar is die afstand wat lig in 'n jaar aflê teen 'n snelheid van 300 000 km/sek (omtrent 9 461 miljard km). As 'n mens teen die snelheid van lig kon beweeg, sou jy sewe keer per sekonde om die aarde se ewenaar kon vlieg.

B PLANETE

Watter planete is dit dié?

7   Saturnus

Saturnus sal op water kan dryf! Dis die tweede grootste planeet in ons sonnestelsel, en Galileo Galilei het dit in 1610 al ontdek. Dit bestaan hoofsaaklik uit waterstof, en die winde by die ewenaar waai teen snelhede van tot 1 700 km/h! Saturnus het 30 mane wat vernoem is na karakters uit die Griekse mitologie.

8   Uranus

Uranus se mane is almal vernoem na karakters uit Shakespeare se werke. Een van dié mane, Miranda, het skeure wat tien maal dieper is as die Grand Canyon! Dié planeet het baie lang seisoene: daar is 42 jaar sonskyn en dan 42 jaar duisternis by die pole. Dié snaakse seisoene ontstaan omdat die planeet se as so skuins is.

9   Aarde

Die aarde is nie heeltemal rond nie — dis effens platter by die pole as by die ewenaar. Om die waarheid te sê, dis effens peervormig, met 'n effense bultjie by die Noord-pool (omtrent 13 m), die uitbulting by die ewenaar (on-geveer 21 km), en die effense duikie by die Suidpool (so 31 m). Die aarde se omtrek by die ewenaar is 40 076 km, en by die pole 39 942 km.

As die aarde na 'n jaar een keer om die son gewentel het, het dit 'n afstand van 938 900 000 km afgelê. Dit beteken ons reis almal elke jaar byna 'n miljard kilometer saam met die aarde om die son!

10   Venus

Venus is vernoem na die Romeinse godin van liefde en skoonheid, maar dit het al baie name gehad. Die aandster is in antieke tye Hesperus genoem, en die oggendster se naam was Phosphorus of Lucifer. 'n Mens sal Venus ook nooit meer as drie uur voor sonop of drie uur na sonon-der sien nie.

Venus draai in die teenoorgestelde rigting as die aarde om sy (of dalk moet 'n mens sê "haar") eie as. Dit beteken dat die son op Venus in die weste opkom en in die ooste ondergaan.

11   Pluto

Pluto se baan is nie heeltemal reëlmatig nie en daarom is dit partykeer nader aan die son as Neptunus! Dié twee planete sal darem nooit bots nie omdat hulle in verskil-lende vlakke om die son beweeg. Pluto is die koudste, kleinste en donkerste planeet in ons sonnestelsel.

12   Mercurius

Mercurius se naam is ook gegee aan die chemiese ele-ment kwik, wat in Engels bekend is as *mercury*. In die Romeinse mitologie was Mercurius die seun van die hoofgod Jupiter en die godin Maia, en hy het vlerke aan sy voete gehad.

Omdat Mercurius se swaartekrag so klein is, sal 'n atleet daar bo-oor 'n olifant kan spring!

13   Mars

Mars het twee pole wat met koolstofdioksied en ys bedek is. Die hoogste berg in ons sonnestelsel is op Mars. Dis

Hettie Grobler

Olympus Mons, 'n vulkaniese berg wat 21,3 km hoog is.

Daar is al 'n hele paar rolprente gemaak oor ruimtereise na Mars. Vir die prent *Mission to Mars* het regisseur Brian de Palma 'n reuse sandduin in Kanada met 57 000 ℓ rooi verf bedek om Mars se rooi kleur na te boots!

Mars was op 27 Augustus 2003 net 55,6 miljoen kilometer van die aarde af — die naaste in 60 000 jaar!

14 Neptunus

Neptunus, die vierde grootste planeet, is 4,5 miljard km van die son af. Die temperatuur op die planeet se oppervlak is -218° C. 'n Mens kan Neptunus nie met die blote oog sien nie, maar met 'n klein teleskoop sal jy sien dat dit 'n blouerige kleur het. Dit word deur die metaan in die atmosfeer veroorsaak.

15 Jupiter

Jupiter se "jaar" is 11,9 jaar lank, maar 'n dag op Jupiter is maar 9,9 uur lank. (Dis die tyd wat dit neem om om sy eie as te draai.) Jupiter is die planeet met die meeste mane. Galileo Galilei het die eerste vier in 1610 al ontdek, en in April 2003 is nog ses ontdek, wat die totaal nou op 58 te staan bring. Die grootste maan is Ganymede, wat groter is as die planeet Mercurius.

In 1994 het die komeet Shoemaker-Levy 9 in stukke gebreek en gate so groot soos die aarde in Jupiter se atmosfeer geruk.

Die mans se verspringrekord op Jupiter sal maar 3,4 m wees, omdat die swaartekrag daar 2,5 maal groter is as op die aarde.

'n Laaste woord of twee...

• In Januarie 2002 het wetenskaplikes aan die Johns Hopkins Universiteit in die VSA aangekondig dat die heelal se kleur 'n bleek turkoois is. Drie maande later het hulle erken dat hulle 'n fout gemaak het en dat die heelal se ware kleur eintlik beige is! Die wetenskaplikes het darem heel wetenskaplik by dié uitspraak uitgekom: hulle het lig versamel van galaktiese stelsels wat miljarde ligjare ver is, dié lig opgebreek in die verskillende kleure van die spektrum, en die gemiddelde kleurwaardes van dié kleure gekry. Toe die rekenaar gevra is om 'n kleur te bepaal wat "verstaanbaar" sal wees vir die mens se oog, het dit 'n fout gemaak, wat deur kleur-ingenieurs reggestel is.

• Die maklikste manier om die planete, in volgorde van die son af, se name te onthou, is met 'n kort sinnetjie, waarvan die eerste letter van elke woord ook dié van 'n planeet se naam is: "Meneer Van As, my jas sal u nie pas!" Die volgorde van die planete van die son af is: Mercurius, Venus, Aarde, Mars, Jupiter, Saturnus, Uranus, Neptunus en Pluto.

Antwoorde

A ALGEMENE KENNIS
Maklik

1 Die maan
2 Die son
3 Die aarde
4 Ruimtetuig
5 Mark Shuttleworth
6 Son

B PLANETE
Medium

7   Saturnus
8   Uranus
9   Aarde
10 Venus
11 Pluto
12 Mercurius
13 Mars
14 Neptunus
15 Jupiter

9

Die hele spektrum

Kleur

Inleiding

Die wêreld rondom ons is vol kleur omdat die mens se oog miljoene skakerings van die basiese kleure kan waarneem. Elke kleur het 'n storie, en elke kleur het vir verskillende mense 'n besondere betekenis. Kom ons maak kennis met die wêreld van kleur.

Sê wie?

Ek word nooit moeg vir die blou lug nie.
> — Vincént van Gogh, Nederlandse skilder (1853 - 1890)

As die aanskoue van die blou lug jou met vreugde vervul, as 'n grassprietjie wat in die veld opskiet die mag het om jou te roer, as die eenvoudigste dinge in die natuur 'n boodskap het wat jy verstaan, wees bly, want dan lewe jou siel.
> — Eleonora Duse, Italiaanse aktrise (1854 - 1924)

'n Optimis is 'n persoon wat oral groen ligte sien, terwyl 'n pessimis net die rooi ligte sien. Die mens wat werklik wys is, is kleurblind.
> — Albert Schweitzer, Duitse teoloog, sendeling en filosoof (1875 - 1965)

Groen, wat die natuur se kleur is, is rustig, kalmerend, vol vreugde en gesond.
> — Paul Brunton, Britse filosoof en reisiger (1898 - 1981)

Kunstenaars kan die lug rooi maak omdat hulle weet dis blou. Dié van ons wat nie kunstenaars is nie, moet dinge inkleur soos wat hulle werklik lyk, anders sal mense dink ons is onnosel.
> — Jules Feiffer, Amerikaanse spotprenttekenaar, skrywer en dramaturg (1929 -)

Mauve? Mauve is net pienk wat pers probeer wees.
> — James McNeill Whistler, Amerikaanse skilder (1834 - 1903)

Wanneer jy twyfel, dra rooi.
> — Bill Blass, Amerikaanse modeontwerper (1922 -)

ALGEMENE KENNIS

Maklik

1. Watter kleur is die meeste ryp piesangs?
   a Geel   b Groen   c Bruin
2. Watter kleur kry jy as jy geel en rooi meng?
   a Groen   b Pers   c Oranje
3. Watter kleur is die "Y" op Suid-Afrika se landsvlag?
   a Geel   b Groen   c Rooi
4. Watter kleur is die meeste ryp tamaties?
   a Rooi   b Groen   c Geel
5. Watter kleur is die lug op 'n helder, wolklose dag?
   a (Lig)blou   b (Lig)rooi   c (Lig)geel

Medium

6. Alle mense se oë het 'n bepaalde kleur, en dié deel van die oog word die "iris" genoem. Watter van die volgende kleure kan 'n mens se iris nie wees nie: groen, bruin, blou of pienk?
7. Watter kleur kan 'n beer, 'n brood, sonbrand, oë én 'n skoenlapper beskryf?
8. Watter kleur is presies in die middel van die reënboog se sewe kleure?
9. Watter kleur is die edelsteen wat bekend is as robyn?
10. Plante bevat chlorofil, wat die lig absorbeer wat nodig is vir fotosintese. Watter kleur gee chlorofil aan plante?

Moeilik

11. Watter kleur gebruik 'n mens om te sê iemand is afgesê deur sy meisie, of jy bereik nie jou doel nie? Jy loop 'n...
12. Met watter kleur verbind 'n mens Nederland se koningshuis?
13. Aan watter kleur dink 'n mens as jy die komponis Giuseppi Verdi se naam hoor?
14. Watter kleur is die damp wat deur die chemiese element jodium afgeskei word?
15. Watse soort lig kry ons wanneer al die primêre kleure van lig gemeng word?

Al die antwoorde verskyn aan die einde van die hoofstuk.

Antwoorde

A. ALGEMENE KENNIS

Alles en nog wat

1 **Watter kleur is die meeste ryp piesangs?**
   a Geel

Die piesang groei aan die grootste plant wat nie 'n soliede stam het nie. Al kan dié stam tot 12 m lank word, kan 'n mens dit dus streng gesproke nie 'n piesangbóóm noem nie. Dis die wêreld se grootste kruidagtige plant.

Piesangs is familie van lelies en orgideë, en dié vrug se ander naam, banana, kom van die Arabiese woord *banan*, wat "vinger" beteken, omdat dit soos 'n vinger lyk. Die wetenskaplike naam is *Musa sapientum*, wat "vrug van die wyses" beteken.

Piesangs is die gewildste vrugtesoort in die VSA, en dis baie gesond omdat dit omtrent driekwart uit water bestaan en ryk is aan vitamien C, vesel en kalium. Dit bevat nie vet, cholesterol of natrium nie. Die helfte van die wêreld se piesangs kom uit Afrika.

Andrzej Sawa

Het jy geweet?

- Die eiland Tonga het al 'n seël uitgegee wat soos 'n piesang lyk!
- 'n Vorige president van Zimbabwe was dr. Canaan Banana.
- In die 15de en 16de eeu was die piesang as die "Indiese vy" in Europa bekend.
- Elvis Presley het van grondboontjiebotter-en-piesang-toebroodjies gehou.
- Een soort piesang, bekend as die "roomyspiesang" of "Java blou", is blou wanneer dit nie ryp is nie. Dié piesangs word ook geel wanneer hulle ryp word, maar smaak soos vanieljevla en het 'n malvalekker-tekstuur.
- "Rooi piesangs" se skille is maroen tot donkerpers wanneer die vrug ryp is, en die vrug se binnekant het 'n pienkerige kleur.
- Die grootste tros piesangs nóg het van die Kanariese Eilande af gekom. Dié tros van 473 piesangs het 130 kg geweeg.
- In Asië verteenwoordig geel heiligheid en koninklikheid. In die Weste beteken dit vreugde en geluk, maar in Egipte en Birma is dit die kleur van rou.
- In Indië is geel die simbool vir 'n handelaar of 'n boer.
- Vroue het vroeër geel linte gedra as 'n teken van hoop vir die soldate wat terugkeer van 'n oorlog af.
- Geel balle is in bofbal gebruik voordat dit in tennis gebruik is. Die Brooklyn Dodgers het drie wedstryde met 'n geel bofbal gespeel voordat hulle wit balle begin gebruik het.

2   Watter kleur kry jy as jy geel en rooi meng?
   c Oranje

As 'n mens pienkerige rooi (wat magenta genoem word),

Andrzej Sawa

blougroen (of turkoois), en geel verf het, kan jy dit meng om enige ander kleur te kry. Dié drie kleure word primêre kleure genoem, en die "gemengde" kleure is bekend as sekondêre kleure.

3   Watter kleur is die "Y" op Suid-Afrika se landsvlag?
   b Groen

Suid-Afrika se landsvlag is in 1994 deur Fred Brownell ontwerp. Die vlag het ses kleure: rooi, wit, groen, swart, geel en donkerblou. Die swart driehoek moet altyd naaste aan die vlagpaal wees, en die rooi deel van die vlag is aan die bokant.

PictureNET Africa/Shaun Harris

Het jy geweet?

- In Sjina is wit die kleur van rou.
- 'n Regte wit olifant is 'n teken van vrede, standvastigheid en voorspoed in suidoos-Asië. Dié dier was as 'n koninklike simbool beskou in Thailand, Laos en Myanmar (vroeër Birma). Dié diere is eintlik albino's, en is baie skaars. Daar was ook die gebruik dat die koning 'n wit olifant geskenk het aan iemand vir wie hy nie ooghare gehad het nie. Die persoon móés die olifant aanvaar, want dit was ondenkbaar om 'n geskenk van die koning te weier, maar die dier se onderhoud was só

duur dat die arme ontvanger daarvan op die ou end in elk geval geruïneer is. Die heilige wit olifant kon natuurlik ook nie werk om die eienaar se finansiële las te verlig nie...

- Die witdoodshaai kan langer as 5 m word, en dit word as die gevaarlikste haai vir mense beskou. Die grootste witdoodshaai wat gevang is, was 5,34 m lank en het 2,043 ton geweeg.
- Die VSA se presidentswoning te Pennsylvanialaan 1600, Washington, DC, is bekend as die Wit Huis. Die Russiese parlement in Moskou word ook die Wit Huis genoem.
- Ysbere se hare is wit, maar hulle velle is swart. Partykeer het dié wit pels 'n groen skynsel as gevolg van alge wat daarop voorkom.
- Die sprokie *Sneeuwitjie en die sewe dwergies* is in 1937 deur Walt Disney verfilm. In die oorspronklike verhaal het die dwergies nie name gehad nie, maar vir die filmweergawe is meer as 50 name voorgestel. Dopey en Doc was nie onder dié 50 nie. Van die voorgestelde name was: Awful, Biggy, Blabby, Dirty, Gabby, Gaspy, Gloomy, Hoppy, Hotsy, Jaunty, Jumpy, Nifty en Shifty. Sneezy het op die laaste oomblik vir Jumpy vervang. Die sewe name wat op die ou end vir die dwergies gekies is, was: Dopey, Doc, Sneezy, Grumpy, Bashful, Happy en Sleepy. Sneeuwitjie het haar naam gekry as gevolg van haar sneeuwit vel.

4 Watter kleur is die meeste ryp tamaties?
a Rooi

Andrzej Sawa

Die meeste ryp tamaties is helderrooi, maar alle tamatiesoorte het ook 'n geel weergawe.

Al word tamaties gewoonlik soos groente in slaai gebruik, is dit eintlik 'n vrug! Die tamatie behoort tot die genus *Solanum*, en is familie van die eiervrug, rooi soetrissie, aartappel en belladonna en tabak. Dit word ook gebruik om tamatiesous te maak, wat baie gewild is. Die Amerikaners noem dit *ketchup*, en dié *ketchup* is eers as medisyne gebruik.

Tamaties kom uit die Andes-streek in Suid-Amerika — net soos aartappels, mielies, skorsies, boontjies, grondbone, pynappels en aarbeie. Dié rooi vrug is ook al 1 300 jaar gelede deur die Inkas en Asteke gekweek, en ontdekkers wat van Mexiko af teruggekeer het Europa toe, het van die plantjies saamgeneem. Dit het in Frankryk bekend geword as "liefdesappels", en in Duitsland as "paradysappels". Die wetenskaplike naam vir die gewone tamatie is *Lycopersicon lycopersicum*, wat "wolfperske" beteken.

Het jy geweet?
- Suid-Afrika se grootste tamatieplaas is naby Tzaneen in die Limpopo Provinsie.
- La Tomatina — die "tamatie-oorlog" — is 'n week lange fees wat al van 1945 af in Buñol, Spanje, gehou word. In dié tyd is die belangrikste gebeurtenis dat die 30 000 feesgangers mekaar met pap tamaties peper. Daar is oorgenoeg tamaties vir almal — meer as 125 ton word by elke fees afgelaai.
- Die tamatie se naam bly baie dieselfde in verskillende tale. In Engels is dit *tomato*, in Frans *tomate*, in Nederlands *tomaat*, in Duits *tomate*, in Deens *tomat*, en in Spaans *tomate*. Italianers noem dit egter *pomodoro*.
- Die tamatie is die wêreld se gewildste vrug. Meer as 60 miljoen ton tamaties word elke jaar geproduseer. Die piesang is in die tweede plek met 44 miljoen ton, dan appels (36 miljoen ton), lemoene (34 miljoen ton) en waatlemoene (22 miljoen ton).
- Daar is meer as 10 000 tamatievariëteite in die wêreld, en in 2002 is daar selfs 'n wit tamatie geteel. 'n Mens kry ook gestreepte geel-en-rooi tamaties, en 'n pers tamatie.
- Die kleinste tamatie is minder as 2 cm in deursnee.
- Tamaties is ryk aan vitamien A en C en vesel, en dis cholesterolvry. 'n Tamatie van 148 g bevat net 35 kalorieë.

5 Watter kleur is die lug op 'n helder, wolklose dag?
a (Lig)blou

Hoekom is die hemel blou?

Omdat daar baie klein deeltjies (molekules) in die lug is wat die son se lig in alle rigtings laat versprei wanneer dié lig deur die aarde se atmosfeer inkom. Die blou lig in sonlig word die meeste versprei, daarom lyk die lug blou. Teen skemer moet die sonlig verder deur die atmosfeer trek, en omdat net oranje en rooi lig dan deurkom, lyk die lug dan partykeer rooierig.

Het jy geweet?
- "Blou vir 'n seun en pienk vir 'n meisie." Dis 'n baie bekende beginsel wat al eeue oud is. Blykbaar het dit in

die 5de of 6de eeu in Brittanje ontstaan toe seuns belangriker was as meisies. In dié tyd was daar 'n bygeloof dat bose geeste seuns sou wegdra of seermaak, en blou, wat die hemel verteenwoordig, is gebruik om seuns teen dié bose magte te beskerm. Meisies het toe nog nie 'n kleur gehad nie. In Duitsland is toe geglo dat babadogtertjies uit pienk rose ontstaan, en dit het gebruiklik geword om hulle pienk aan te trek.

6   Alle mense se oë het 'n bepaalde kleur, en dié deel van die oog word die "iris" genoem. Watter van die volgende kleure kan 'n mens se iris nie wees nie: groen, bruin, blou of pienk?
Pienk

Die iris, of reënboogvlies, is 'n spier wat rondom 'n mens se pupil strek en die pupil groter of kleiner maak om meer of minder lig in te laat. Navorsers het die iris se kleure verdeel in swart, bruin, goud, donkerblou, groen, ligblou en staalgrys, maar dié kleure kan in drie basiskleure of -groepe verdeel word: blou, bruin en gemeng.

Iris was die naam van die Griekse godin van die reënboog, met vlerke en 'n kleed van helder kleure en 'n stralekrans om haar kop. Sy het teen die snelheid van lig deur die lug beweeg, met 'n reënboog agter haar. Dis ook 'n vrouenaam, asook die naam van 'n gewilde blomplant.

7   Watter kleur kan 'n beer, 'n brood, sonbrand, oë en 'n skoenlapper beskryf?
Bruin

Die bruinbeer kom in die noordelike halfrond voor en is die grootste beersoort. Die Amerikaners noem dié soort die *grizzly*. 'n Bruintjie is 'n soort skoenlapper, en bruinbrood is brood wat van growwe of ongesifte meel gemaak word.

Het jy geweet?
- Japannese het nie 'n woord vir bruin nie. Hulle beskryf bruin kleure met woorde soos "teekleur", "jakkalskleur", en "blaar wat afgeval het".
- In Indië is bruin die kleur van rou omdat dit soos dooie herfsblare lyk.
- Die Indiane van Amerika glo bruin verteenwoordig selfdissipline.
- As jy van bruin droom, gaan jy (glo) geld kry...
- 'n Seekat is bruin, maar kan van kleur verander, gewoonlik na blou of groen, maar dit kan skakerings van rooi, geel en oranje ook hê.

8   Watter kleur is presies in die middel van die reënboog se sewe kleure?
Groen

'n Reënboog ontstaan wanneer wit sonlig op reën val en die kleure in die druppels verdeel en weerkaats word. Die reënboog se sewe kleure is rooi, oranje, geel, groen, blou, indigo en violet. In 'n reënboog sien 'n mens egter nie regtig dié sewe kleure afsonderlik nie — hulle vloei inmekaar.

Die drie primêre kleure van lig is rooi, blou en groen, en as jy baie naby 'n TV-skerm staan, sal jy sien dat al die kleure op die skerm saamgestel is uit kolletjies van dié drie kleure.

9   Watter kleur is die edelsteen wat bekend is as robyn?
(Diep)rooi

Robyn is 'n dieprooi, deurskynende, harde edelsteen. Die waardevolste robyne kom uit Mogok in Myanmar, waar dit al van die 15de eeu af ontgin word. Ander belangrike robynlande is Thailand, Kenia, Tanzanië, Kambodja, Sri Lanka, Indië en Viëtnam.

Die naam "robyn" kom van die Latynse woord *ruber*, wat "rooi" beteken. 'n Mens kry al van 1837 af sintetiese robyne, wat gemaak word deur aluin en chroomoksiedpigment by 'n hoë temperatuur te laat saamsmelt.

Robyn is die geboortesteen vir Julie. Dis ook die steen wat verbind word met die 40ste huweliksherdenking.

Mick Jagger, die bekende lid van die Rolling Stones, het 'n stukkie smarag op een van sy voortande laat inplant, maar omdat mense gedink het dis 'n stukkie spinasie het hy dit met 'n robyn vervang. Toe het mense weer gepraat van die druppel bloed op sy tand, en uiteindelik het hy dit vervang met 'n diamant!

Het jy geweet?
- Rooi is baie belangrik in Japan. As 'n mens 'n grafsteen voor jou dood laat maak, word jou naam in rooi geskryf; as dit ná jou dood gemaak word, word jou naam in swart geskryf. Die son op die Japannese vlag is ook rooi.

- Vir die antieke Asteke was rooi waardevoller as goud. Rooi kleursel is verkry nadat honderde van die heerser se onderdane vroulike cochenille-insekte in die woestyn moes gaan soek het. 'n Miljoen van dié kewers was nodig vir omtrent 450 g van die rooi kleursel.

  Nadat Cortez in die 16de eeu teruggekeer het uit Suid-Amerika het dié kleursel in Europa bekend geword. Dit was 'n beter kleurstof as enige ander wat beskikbaar was, en dit kon nie nagemaak word nie. Dis ook algemeen gebruik vir materiale en in kos. Michelangelo het dit in sy skilderye gebruik, dis vir die baadjies van die Britte se Redcoats én die Kanadese Mounties gebruik, en moontlik selfs vir die eerste Amerikaanse vlag.

  Dié kleursel word vandag deur goedkoper anilienkleurstowwe vervang.

- Die kleure in verkeersligte — rooi, geel of amber, en groen — kom van kleure wat in treinsinjale gebruik is. Rooi was nog altyd die kleur van gevaar in die natuur, en dis ook die kleur van bloed — daarom dat dit gekies is as die kleur wat "stop" moet sê. Groen was eers die kleur vir "versigtig", en wit het "ry" beteken. Die wit lig kon egter met ander ligte (selfs met die sterre) verwar word, en ingenieurs het toe voorgestel dat rooi, geel en groen gebruik moet word. Dié stelsel het só goed gewerk met sinjale dat dit vir verkeersligte ook aanvaar is.

- In Japan is die groen van die verkeerslig 'n blougroen, en kinders word geleer rooi beteken stop en blou beteken ry.

10 Plante bevat chlorofil, wat die lig absorbeer wat nodig is vir fotosintese. Watter kleur gee chlorofil aan plante?
Groen

Die chlorofil in plante absorbeer die lig wat nodig is vir fotosintese — 'n chemiese reaksie wat ligenergie omsit in chemiese energie. Die chlorofil absorbeer rooi, violet en blou lig, en weerkaats groen lig; dis hoekom dele van plante en bome groen lyk.

Het jy geweet?

- Kleurblindheid word veroorsaak deur 'n defek in die retina of die oogsenuwees. Party mense is heeltemal kleurblind en sien alles in skakerings van grys. Dié toestand is oorerflik en baie skaars, en word monochromatisme of achromatopsie genoem. Dichromatisme is meer algemeen, en kom by 7% van alle mans en 1% van alle vroue voor. Mense met dié toestand kan nie groen of rooi sien nie, óf kan nie tussen dié twee kleure onderskei nie.

- Die bekende Heinz-maatskappy het met interessante nietradisionele kleure begin eksperimenteer. Daar was eers groen tamatiesous, bekend as Blastin' Green, waarvan 10 miljoen bottels in die eerste jaar verkoop is. En toe kinders gevra is watter kleur aartappelskyfies moet wees om hulle te oorreed om meer daarvan te eet, was die antwoord... blou — hemelsblou!

- Groen was vir die Egiptenare 'n heilige kleur. Dit het vir hulle die hoop en vreugde van die lente verteenwoordig. Dis ook 'n gewyde kleur vir Moslems.

- Die Japannese keiser Hirohito se verjaardag is Groen Dag genoem omdat hy so 'n ywerige tuinier was.

- Groen is die rustigste kleur vir die menslike oog. Dit maak ook babas wat tande kry rustiger.

- Groenland, wat ook Kalaallit Nunaat genoem word, is eintlik die grootste deel van die jaar spierwit omdat dit met sneeu en ys bedek is. Die naam "Groenland" is oorspronklik aan dié reuse eiland gegee om emigrante daarheen te lok! Die hoofstad se naam is Nuuk, maar dit was eers bekend as Godthåb, wat "Goeie Hoop" beteken.

- Die antieke Egiptenare het die vloere van hulle tempels groen geverf.

- In Griekeland het die kleur groen oorwinning beteken.

11 Watter kleur gebruik 'n mens om te sê iemand is afgesê deur sy meisie, of jy bereik nie jou doel nie? Jy loop 'n...
Bloutjie

Blou is 'n gewilde kleur vir spreekwoorde. 'n Mens kan blou wees van die koue; as jy blou bloed het, is jy van hoë afkoms; die see word baiekeer die "blou dam" genoem, en as iets een maal in 'n blou maand gebeur, gebeur dit maar selde. 'n Blou Maandag is 'n dag waarop alles skeefloop, en as jy iemand die blou pas gee, ontslaan jy hom of haar, of jy sê hom of haar af. En dan is daar die Blou Bulle ook — die gebied rondom Pretoria se rugbyspan.

Het jy geweet?

- Die saffierblou bloed van die koningkrap is die enigste stof in die wêreld wat gebruik kan word om onsuiwerhede in enige medisyne en enige entstof ter wêreld op te spoor. Dié krappe se bloed word getrek, en dan word hulle weer vrygelaat. Die krapbloed word by die stowwe gevoeg wat getoets moet word, en as daar onsuiwerhede in die stof is, sal die bloed onmiddellik stol.

- 'n Spinnekop se bloed word blou as dit blootgestel word aan suurstof.

- Net die helfte van die materiaal in denim word blou gekleur. Die ander helfte is wit inslaggaring.

- 'n Boer, Nancy Follett, van Sleaford Bay naby Adelaide in Australië, het die eerste skape met blou wol geteel. Die kleur wissel van ligblou tot koningsblou.

12 Met watter kleur verbind 'n mens Nederland se koningshuis?

Oranje

Die woord "oranje" vir dié kleur is al meer as sewe eeue oud. Die woord *orange* is eers vir lemoene gebruik, en dit kom van die Sanskrit-woord *naragah*. Die stad Orange in Frankryk was die sentrum van 'n lemoen-invoerbedryf, en die voorste familie in hierdie streek het later ingetrou in die Nederlandse Huis van Nassau. Dis waar die Nederlandse "Huis van Oranje" se naam vandaan kom.

Die Oranjerivier in Suid-Afrika is ook vernoem na die Huis van Oranje, en een van die Kasteel in Kaapstad se vyf punte is ook "Oranje" genoem.

Het jy geweet?

- "Orangemen" is lede van die Orange Society (later die Orange Order) wat in 1795 deur Protestante in Ierland gestig is.
- "Agent Orange" is die naam van die dodelike insekdoder wat deur die Amerikaners in die Viëtnam-oorlog gebruik is om die plantegroei uit te wis sodat die vyand geen skuiling sou hê nie. Dié stof is egter dodelik vir mense ook.
- "Orange" is die naam van dorpe in Australië én Frankryk.

13 Aan watter kleur dink 'n mens as jy die komponis Giuseppi Verdi se naam hoor?

Groen

Die letterlike Afrikaanse vertaling van Giuseppi Verdi is "Josef Groen" ("Joseph Green" in Engels)! Die komponis Monteverdi se naam beteken "groen berg".

"Vert" is ook die woord wat in heraldiek na groen verwys. Die Kaap Verdiese Eilande se naam was eers Cabo Verde — "groen Kaap".

In Suid-Afrika kry ons name soos Groenpunt, Groenrivier, Groenriviersmond, Groenvlei, Groenplaas en Greenside.

14 Watter kleur is die damp wat deur die chemiese element jodium afgeskei word?

Pers

Jodium is 'n gekristalliseerde chemiese element wat 'n blouswart kleur het en in seewater en -plante voorkom. 'n Mens het jodium in jou dieet nodig, maar die tafelsout wat ons elke dag gebruik, bevat genoeg jodium vir ons daaglikse behoeftes.

Het jy geweet?

- In die dae van die Romeinse Ryk was 4 miljoen weekdiere nodig om 450 g van die koninklike pers te maak.

- M&Ms, 'n baie gewilde soort lekker, het oorspronklik ses kleure gehad: bruin, geel, oranje, rooi, groen en violet. Die violet is in 1949 deur taan vervang ('n ligte geelbruin), wat in 1995 weer deur blou vervang is. 'n Paar jaar gelede het die vervaardigers besluit om 'n nuwe kleur by hulle oorspronklike ses kleure te voeg, en 10 miljoen mense in 200 lande het pers gekies as die nuwe M&M-kleur.
- Pers is 'n koninklike kleur in Sjina.
- Richard Wagner het sy operas in 'n kamer met pers lig gekomponeer omdat dit die kleur was wat hom die meeste geïnspireer het.

15 Watse soort lig kry ons wanneer al die primêre kleure van lig gemeng word?

Wit lig

As wit lig deur 'n prisma skyn, sien 'n mens sewe kleure, wat die "spektrum" genoem word. Rooi het die langste golflengte, en violet die kortste. As 'n mens die drie primêre kleure van lig — rooi, blou en groen — meng, kry jy wit; as jy verf se drie primêre kleure — magenta, blougroen en geel — meng, kry jy swart.

Hettie Grobler

Nog ditjies en datjies oor kleure

- Chromatofobie is 'n vrees vir kleur. 'n Vrees vir wit is leukofobie, 'n vrees vir swart, melanofobie, en 'n vrees vir pers, porfirofobie. Xantofobie is 'n vrees vir geel, terwyl iemand wat aan eritrofobie ly, 'n vrees vir rooi het.

- Hoe sien 'n mens 'n kleur?

  As jy na 'n rooi appel kyk, skyn al die "onsigbare" kleure in sonlig op die appel. Die appel se oppervlak absorbeer al die gekleurde ligstrale, behalwe rooi, wat weer na die oog weerkaats word. Die oog ontvang die weerkaatste rooi lig en stuur 'n boodskap na die brein, waar dit as rooi waargeneem word.

- Kleure word baiekeer in die name van plekke gebruik: Geelrivier, Oranjerivier, Swart See, Rooi See, Wit See, Groenland, Swartland.

- Die balle in snoeker het verskillende kleure, en elke kleur het 'n ander waarde as dit gepot word. Die kleure is: rooi (1), geel (2), groen (3), bruin (4), blou (5), pienk (6) en swart (7).

- 'n Vlamtoets kan gedoen word om te bepaal watter chemiese elemente teenwoordig is in 'n samestelling. Karmosyn dui op die aanwesigheid van litium-samestellings, en geelrooi dui op kalsiumsamestellings. Geel is 'n aanduiding van natrium, groenwit van sink, smaraggroen dui op kopersamestellings, blougroen op die aanwesigheid van fosfate, en geelgroen op barium. As die vlam asuurblou is, kan daar lood, selenium, bismut of kopersamestellings teenwoordig wees. 'n Ligblou vlam dui op arseen.

- Koskleure is baie belangrik. Saffraan en ander speserye word gebruik om 'n ryk geel kleur aan sekere kossoorte te gee. Botter is al sedert die 14de eeu geel gekleur, en karoteen is die stof wat wortels hulle oranje kleur gee.

- Alle voedselkleure word deur gesondheidsowerhede bepaal en gereguleer om te verseker dat die kos veilig is om te eet en korrek gemerk is. Die VSA het sewe gesertifiseerde kleure wat goedgekeur is vir gebruik in kos:

  - *Brilliant Blue* is 'n helderblou wat gebruik word vir drankies, die poeier van suiwelprodukte, jellies, gebak, speserye, versiersuiker en strope.

  - *Indigotine* is 'n koningsblou wat in gebak, ontbytkosse, grane, peuselhappies, roomys en kersies voorkom.

  - *Fast Green* is 'n seegroen vir gebruik in drankies, poedings, roomys, sorbet, kersies, gebak en suiwelprodukte.

  - *Allura Red* is 'n oranjerooi wat voorkom in gelatien, poedings, suiwelprodukte, gebak, drankies en speserye.

  - *Erythrosine* is 'n kersierooi wat jy in kersies vir vrugtekelkies, ingemaakte vrugte, gebakte goedere, suiwelprodukte en peuselhappies kry.

  - *Tartrazine* is 'n suurlemoengeel vir vla, drankies, roomys, gebak, ingelegde vrugte en grane.

  - *Sunset Yellow* is 'n oranje wat in ontbytgrane, gebak, kitskos, roomys en drankies gekry word.

- Baron Pierre de Coubertin het die amptelike Olimpiese logo in 1913 ontwerp toe hy vyf ringe aaneengeskakel het. Die ringe was blou, geel, swart, groen en rooi. 'n Mens kry ten minste één van dié kleure op die vlag van elke land in die wêreld. Die vlag verteenwoordig vyf vastelandgroepe: Europa, Asië, Afrika, die Amerikas en Oseanië.

- Volgens kenners van die digkuns is daar geen Engelse woorde wat met *orange*, *purple* of *silver* rym nie.

- Bobbejane naby die Bogoriameer in Kenia het begin om flaminke te vang en te vreet. Die flaminke kry hulle pienk kleur van die groenblou alge wat hulle vreet, en as gevolg van die bobbejane se flaminkdieet het hulle hare nou van kleur verander — van grys na 'n ligte geelbruin!

- Geel kan dalk die advertensiewêreld oorneem, omdat swart skrif op 'n geel agtergrond die beste kleure is vir advertensiemateriaal. Dis makliker om te sien, én mense onthou dit langer.

- Die menslike oog kan miljoene kleurskakerings onderskei. Die kleur wat die menslike oog die meeste irriteer, is geel, omdat helder kleure meer lig weerkaats, wat weer die oë te veel stimuleer.

- Daar word vermoed dat as net vier kleure op 'n wêreldlandkaart gebruik word, geen twee lande met dieselfde kleur aan mekaar sal grens nie. Twee wiskundiges het dit in 1976 met behulp van 'n rekenaar bewys. Dié bewys was 600 bladsye lank en het 12 000 uur se rekenaartyd nodig gehad!

Antwoorde

A ALGEMENE KENNIS

Maklik

1a	Geel	8	Groen
2c	Oranje	9	(Diep)rooi
3b	Wit	10	Groen
4a	Rooi		
5a	(Lig)blou		

Medium

Moeilik

6	Pienk	11	Bloutjie
7	Bruin	12	Oranje
		13	Groen
		14	Pers
		15	Wit lig

10

Ons bure

Die diere- en plantewêreld

Inleiding

Die dierewêreld bestaan uit miljoene spesies — van klein, eensellige organismetjies wat 'n mens net met 'n mikroskoop kan sien, tot die reuse blouwalvis wat so groot is soos 'n bus.

Die meeste diere op aarde — omtrent 85% — is insekte. Net 0,3% (4 600 spesies) is soogdiere, en 0,7% (9 000 spesies) is voëls.

Kom ons ontmoet 'n paar van die interessantste diere wat ons wêreld met ons deel.

A ALGEMENE KENNIS

Maklik

1. Wat noem ons die reuse dier wat 'n baie lang neus en ivoortande het?
   a Olifant   b Renoster   c Seekoei
2. Watter groot kat word baiekeer die "koning van die diere" genoem?
   a Kameelperd   b Leeu   c Renoster
3. Watter groot roofdier het kolle en 'n naam wat 'n mens laat dink aan 'n rydier wat nie fluks is nie?
   a Tier   b Jagluiperd   c Luiperd
4. Watter dier sien 'n mens op Suid-Afrika se R100-noot?
   a Koedoe   b Buffel   c Olifant
5. Hoeveel horings het 'n swartrenoster op sy neus?
   a Vier   b Twee   c Een

Medium

6. Wat noem ons die grootste voël in Suid-Afrika, wat nie kan vlieg nie, maar baie vinnig kan hardloop?
7. Wat is die kleinste voëlsoort wat bestaan?
8. Wat is die grootste dier wat nog ooit bestaan het?
9. Watter watervoël kan nie vlieg nie, maar swem teen 'n snelheid van tot 27 km/h?
10. Watter vis is die grootste en kan tot 15 m lank word en tot 18 ton weeg?

Moeilik

11. Wat is die naam van die grootste soort slang in die wêreld?
12. Watter reptiel word die swaarste?
13. Paddas is diere wat op land én in die water kan lewe. Wat noem ons sulke diere?
14. Watter ovaalvormige bruin insek kan vlieg, is al 350 miljoen jaar op die aarde, en sal dalk selfs 'n kernontploffing kan oorleef?
15. Watter insek het die volgende woorde as deel van sy naam: fluweel, mal, rooi, swart, wipstert, en rys?

B NOG 'N PAAR VRAE

Maklik

1. Watter troeteldier word "die mens se beste vriend" genoem?
2. Hoeveel lewens het 'n kat glo?
3. Wat noem 'n mens die klein geel, blou of groen voëltjie wat baie mense in 'n koutjie aanhou?
4. Wat noem ons die geluid wat eende én paddas maak?
5. Wat noem ons die klein perdjies waarop kinders graag ry?

Medium

6. Wat is die kleinste honderas ter wêreld?
7. Watter katsoort is vernoem na die land wat nou Thailand genoem word?
8. Hoe lank neem dit 'n hoendereier om uit te broei?
9. Watter klein waterdiertjie wat na 'n kosbare metaal vernoem is, sal rustig in 'n glasbak of akwarium in jou huis rondswem?
10. Watter vleissoort is die gewildste in Sjina?

Moeilik

11. Watter boom se blare is sywurms se kos?
12. Wat noem ons die kruising tussen 'n perd en 'n donkie?
13. Watter voëlsoort is baie gewild op Amerikaanse spyskaarte, veral op Dankseggingsdag en Kersdag?
14. Watse soort swart-en-wit bees is vernoem na 'n provinsie in Nederland?
15. Wat was die naam van die eerste soogdier wat gekloon is en nou in 'n museum in Skotland staan?

C KEN JOU PLANTE

Maklik

1. Watter deel van 'n plant stuur 'n mens vir iemand van wie jy hou?
   a Blomme   b Blare   c Stingels
2. Wat noem 'n mens die deel van 'n plant wat dit in die grond anker?
   a Blom   b Wortel   c Stam
3. In watter seisoen begin bome se blare verkleur voordat dit afval?
   a Lente   b Winter   c Herfs
4. Wat noem 'n mens die deel van 'n plant wat die blare en blomme dra?
   a Stingel   b Blare   c Litte
5. Watter blom is Suid-Afrika se nasionale blom?
   a Protea   b Roos   c Angelier

Medium

6. Wat noem 'n mens die langwerpige dop waarin boontjies en ertjies voorkom?

6. Wat is die kleinste honderas ter wêreld?
7. Watter rooi, bruin en groen plante groei in die see?
8. Wat is die naam van Suid-Afrika se nasionale boom?
9. Plante stel snags 'n sekere gas vry. Watter gas is dit?
10. Tot watter plantfamilie behoort bamboes?

Moeilik

11. Wat is die naam van die pigment wat aan die meeste blare hulle groen kleur gee?
12. Wat is die naam van die diggroeiende, struikagtige plantegroei wat klein, fyn blaartjies het en net in die Suid- en suidwes-Kaap voorkom?
13. Watter blom is op die Engelse rugbyspan se truie?
14. Watter plant het die langste blare van alle plante?
15. Tot watter plantfamilie behoort knoffel en uie?

Al die antwoorde verskyn aan die einde van die hoofstuk.

Antwoorde
A. ALGEMENE KENNIS
Alles en nog wat

1   Wat noem ons die reuse dier wat 'n baie lang neus en ivoortande het?
   a Olifant

Olifante is die grootste landdiere. Daar is twee soorte olifante: die Afrika-olifant (die een met ore wat so groot soos 'n 5-jarige kind is), en die Indiese olifant. Die Afrika-olifant kan tot 5 ton weeg, 4 m hoog word, en sy reuse tande kan tot 3,5 m lank wees. Dis amper twee keer so lank soos 'n volwasse man!

Die olifant is die enigste dier met vier beengewrigte (of knieë) wat in dieselfde rigting buig, en dié diere kan glad nie spring nie.

Die olifant se slurp is eintlik maar net 'n lang neus, wat amper soos 'n mens se hand gebruik word. Die slurp het nie bene in nie, maar bevat omtrent 100 000 spiertjies.

'n Olifant het net vier reuse tande in sy bek, en hy het ses stelle van dié tande wat in sy leeftyd uitkom. 'n Olifant kan tot 200 kg kos op 'n dag vreet, en 190 ℓ water drink.

Olifante is vinnig ook – hulle kan tot 40 km/h hardloop, wat effens vinniger is as die wêreldrekordhouer van die 100 m vir mans se tyd van 36,809 km/h.

En praat van dikvellig! 'n Olifant se vel kan tot 3 cm dik wees.

2   Watter groot kat word baiekeer die "koning van die diere" genoem?
   b Leeu

Die leeu word ook die "koning van die oerwoud" genoem, maar leeus hou van grasvlaktes en kom nie sommer naby oerwoude nie. Leeus is ook nie die fluksste diere wat rondloop nie: hulle slaap tot 12 uur per dag. Die wyfie is die een wat al die jagwerk doen, en terwyl sy agter bokke aanhardloop, kan sy snelhede van tot 60 km/h haal. Dit sal dus nie help om vir 'n leeu te probeer weghardloop nie – hulle hardloop baie vinniger as die vinnigste mens. As dit by die eetslag kom, is die mannetjie voor in die koor! Hy sal tot 40 kg vleis vreet, en dan 'n week lank sonder kos bly.

Leeus is familiediere, en 'n mens kry troppe van tot 37 leeus. Hulle word ook as koninklike diere beskou en daarom baiekeer in landswapens gebruik. Engeland, Sri Lanka en Kenia se krieketspanne het byvoorbeeld ook leeus in hulle wapens.

3   Watter groot roofdier het kolle en 'n naam wat 'n mens laat dink aan 'n rydier wat nie fluks is nie?
   c Luiperd

'n Mens kry luiperds in groot dele van Afrika en Asië, en die naam beteken eintlik "leeuperd". Jy herken dié dier aan die rosette wat oral op sy lyf voorkom.

'n Luiperd is groter en sterker as 'n jagluiperd, en weeg omtrent 90 kg. Luiperds is nagdiere wat een-een

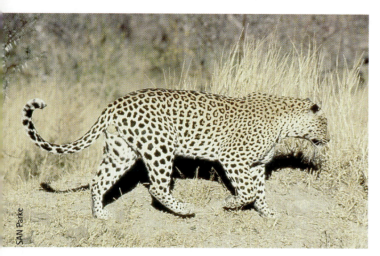

SAN Parke

voorkom, en hulle kan baie goed boom klim. Hulle jag groterige bokke, ape en bobbejane, maar as kos skaars is, sal hulle enigiets eet — tot vrugte, veldmuise en insekte. Daar is vier lede van die katfamilie wat kan brul omdat daar 'n spesiale ligament in hulle kele is wat dit moontlik maak: die leeu, die luiperd, die tier en die jaguar. En net om te wys hulle is nie katjies wat sonder handskoene aangepak moet word nie, spin hulle nie eintlik nie...

4   Watter dier sien 'n mens op Suid-Afrika se R100-noot?
   b Buffel

SAN Parke

Die buffel is een van die gevaarlikste diere in Afrika. Dié diere is omtrent so hoog soos 'n volwasse man, weeg tot 900 kg, en het massiewe horings wat tot 1 m lank word. Buffels behoort tot die beesfamilie, en hulle herkou hulle kos en het gesplete hoewe.

Die woord "buffel" word nie net vir diere gebruik nie: "buffelsgras" is 'n geharde soort gras wat goeie weiding verskaf; Suid-Afrika se enigste rivierhawe is in Oos-Londen, in die monding van die Buffelsrivier, en *buffalo wings* is hoendervlerkies wat niks met buffels te doen het

nie — dis vernoem na die stad Buffalo aan die Buffalo-rivier in die Amerikaanse staat New York.

Buffalo Bill (William Frederick Cody) was 'n beroemde Amerikaanse jagter wat sy bynaam gekry het omdat hy 4 000 "buffels" in 18 maande geskiet het. Die waarheid is dat hy nooit 'n enkele buffel geskiet het of selfs naby een was nie! Wat hy geskiet het, was die Amerikaanse bison. Daar is selfs 'n soort buffel in Pole; hulle word "zubra" genoem. 'n Bekende Poolse bier, Zubrowka, is na hulle vernoem.

Mozzarellakaas word van waterbuffelmelk gemaak. Dié waterbuffels is heelwat makker as die buffels van Afrika, wat nie sommer sal stilstaan om gemelk te word nie...

5   Hoeveel horings het 'n swartrenoster op sy neus?
   b Twee

Die swartrenoster (én die witrenoster) se twee horings bestaan uit keratien — dieselfde soort proteïen wat in hare en naels voorkom. Daar ís al renosters met drie en selfs vyf horings gesien, maar normale renosters het twee horings.

Renosters het drie tone met naels aan elke voet, en hulle is nogal vinnig: 'n swartrenoster kan tot 45 km/h haal! Renosters kan nie baie goed sien nie, maar hulle kan goed ruik en hoor.

Hoe onderskei 'n mens tussen 'n swartrenoster en 'n witrenoster?

Die swartrenoster is effens kleiner as die witrenoster, en het 'n spits bolip, terwyl die witrenoster se bolip meer vierkantig is.

Daar is ook drie renostersoorte in Asië. Die klein Sumatra-renoster het ook twee horings, terwyl die groot Indiese renoster en die Javaanse renoster net een horing het.

Die naam "renoster" beteken "neushoring". Die "ren" in renoster kom ook (in 'n verboë vorm) voor in "rinitis", wat neusontsteking is, en in "otorinolaringoloog" — 'n oor-neus-en-keel-spesialis.

Sê wie?

As 'n aktrise sukses wil behaal, moet sy Venus se gesig, Minerva se brein, Terpsichore se grasie, Macaulay se geheue, Juno se figuur en 'n renoster se vel hê.
   — Ethel Barrymore

Het jy geweet?

• Jagters en toeriste praat baiekeer van die "Groot Vyf". Dié vyf soogdiere is die olifant, leeu, luiperd, renoster en buffel, en 'n mens kan dié diere op Suid-Afrika se geldnote sien.

Noot	Groot vyf
R10	Renoster
R20	Olifant
R50	Leeu
R100	Buffel
R200	Luiperd

6 Wat noem ons die grootste voël in Suid-Afrika, wat nie kan vlieg nie, maar baie vinnig kan hardloop?
Volstruis

Die volstruis is in alle opsigte 'n rekordvoël. Dit is die grootste van alle voëls: 'n volstruis staan hoër as 2,5 m op sy tweetoonpote, en weeg tot 150 kg; dit hardloop vinniger as enige ander voël — 72 km/h — en dit het die langste nek. Dit lê ook die grootste eiers: 'n eier is 150 mm lank

en weeg 1,35 kg — dis omtrent gelyk aan 24 hoendereiers. Die volstruis het ook die grootste oog van alle voëls — 5 cm in deursnee. 'n Mens se oog het 'n deursnee van 2,4 cm.

Die wyfie broei bedags en die mannetjie snags, en die kuikens broei na omtrent 40 dae uit. Na 'n maand kan die kleinding al net so vinnig soos pa en ma hardloop!

Volstruise is plantvreters, maar hulle vreet ook insekte en klein reptiele, en hulle sal enigiets insluk, selfs klippe.

Die volstruis kan egter nie vlieg nie, net soos die emoe, kasuaris, nandoe en kiwi, omdat hulle borsbene nie "kiele" het waaraan vliegspiere vasgeheg kan word nie.

7 Wat is die kleinste voëlsoort wat bestaan?
Kolibrie

Daar is 9 000 voëlspesies op aarde, maar die heel kleinste is die kolibrie, wat met helder kleure spog. Die bykolibrie van Kuba en Juventud Eiland is die kleinste lid van hierdie spesie. Dié voëltjie, wat net 1,6 g weeg, is maar 5,5 cm lank, en die helfte daarvan is stert en snawel! Die kolibrie het 'n sterk, gespierde lyfie, en die vlerkies is net by die skouergewrigte aan die liggaam vas — dis hoekom kolibries nie net vorentoe kan vlieg nie, maar ook reguit op, af, sywaarts en selfs agteruit. Hulle kan ook op een plek bly hang as hulle nektar uit 'n blom wil kry.

Kolibries se vlerke klap baie vinnig — tot 80 slae per minuut. Die wyfie lê die kleinste eiers van alle voëlsoorte, en die kleintjie broei na drie weke uit. Die kolibrie se brein is, in vergelyking met sy liggaam, die grootste van alle voëlsoorte s'n.

'n Kolibrie moet elke dag die helfte van sy liggaamsgewig vreet om aan die lewe te bly.

Minden Pictures/Flip Nicklin

8 Wat is die grootste dier wat nog ooit bestaan het?
Blouwalvis

Gedink die olifant is groot? Wag tot jy 'n blouwalvis sien — dis 'n enorme dier! 'n Blouwalviskoei wat in 1926 naby die Shetland Eilande gevang is, was 33,27 m lank en het 190 ton geweeg! Dis soveel soos 38 Afrika-olifante! 'n Klein walvissie weeg 3 ton by geboorte.

Blouwalvisse kom in alle oseane voor, en maak 'n geluid wat ander blouwalvisse tot 160 km ver kan hoor. Dié dier se tong is so groot soos 'n olifant, en sy hart is so groot soos 'n Volkswagen Kewer. En as hy sy stert swaai, kan dié beweging 500 perdekrag opwek.

Die blouwalvis se aptyt pas by sy groot liggaam: dit vreet omtrent 400 ton kril (baie klein seediertjies) op een dag.

Die mens is die blouwalvis se enigste vyand. Tussen 1910 en 1966 is 360 000 blouwalvisse doodgemaak.

Blouwalvisse haal soos ander soogdiere asem, en hulle kan tot 'n halfuur onder water bly, maar hulle haal gewoonlik elke paar minute asem.

Die blouwalvis se wetenskaplike naam is *Balaenoptera musculus*. *Balaenoptera* beteken "gevleuelde walvis", en *musculus* is 'n Latynse woord wat "muisie" beteken.

Blouwalvisse is slegs twee keer oor die afgelope 35 jaar aan die Suid-Afrikaanse kus gesien.

9 Watter watervoël kan nie vlieg nie, maar swem teen 'n snelheid van tot 27 km/h?
Pikkewyn

Vasco da Gama het meer as 500 jaar gelede al brilpikkewyne raakgeloop op sy ontdekkingsreise na Suid-Afrika. Dié diere se Engelse naam is *jackass penguins* omdat hulle 'n geluid maak wat net soos 'n donkie se gebalk klink.

Pikkewyne is die voëls wat die vinnigste kan swem, en keiserpikkewyne kan tot 265 m diep duik. Hulle gebruik hulle kort vlerke soos vinne en skop of stuur met hulle pote. As hulle op land is, moet hulle loop (eerder waggel!) en spring, en partykeer val hulle sommer plat en gly oor die ys.

Pikkewyne kom gewoonlik in die suidelike oseane voor en hou veral van Antarktika, want daar is baie minder vyande wat hulle kan vang. Hulle het skubagtige vere wat hulle teen die koue beskerm en 'n lekker dik laag vet net onder die vel.

By die koning- en keiserpikkewyne lê die wyfie 'n eier, maar die mannetjie hou dit warm in temperature wat so laag is soos -62° C. Hoe doen hy dit? Hy laat die eier op sy voete lê en bedek dit met 'n stuk van sy maagvel wat oor sy voete vou.

HPH Fotografie

10 Watter vis is die grootste en kan tot 15 m lank word en tot 18 ton weeg?

Walvishaai (Rhincodon typus)

Daar is meer as 20 000 visspesies in die wêreld se seë, oseane en riviere, en die walvishaai is die heel grootste van hulle almal. Dié vis is nie familie van die walvis nie, maar is na hierdie soogdier vernoem omdat dit so groot is.

Die walvishaai kom in die warmer dele van die Atlantiese, Stille en Indiese Oseaan voor, en die grootste walvishaai wat nog gevang is, was 12,65 m lank. Gelukkig is hierdie haai nie aggressief nie, en ook nie gevaarlik nie, want dit vreet net plankton. (Heeltemal aan die ander kant van die skaal is die piepklein dikkop, 'n vissie wat net 7,6 mm lank is. Dis maar so groot soos 'n stewige brommer.)

Visse haal almal asem deur kieue waaroor die water vloei. Die suurstof in die water gaan deur dun membrane in die vis se bloedstroom in.

Vis is een van die wêreldbevolking se belangrikste voedselbronne. Die Japannese eet elke dag meer as 25 000 ton vis. Die seilvis is die vinnigste en kan tot 110 km/h swem oor kort afstande. Dit sal die 50 m in 1,6 sekondes aflê — 13 maal vinniger as die vinnigste menslike swemmer.

11 Wat is die naam van die grootste soort slang in die wêreld?

Luislang

Kan 'n dier sonder pote, bene, 'n stem of ooglede, en met net een werkende long bestaan? Slange kry dit baie goed reg, en hulle is boonop baie aggressief. Hulle bestee 70% van hulle tyd aan jag en vreet. Daar is omtrent 6 000 reptielsoorte op aarde, maar die slang is één reptiel wat die meeste mense nagmerries gee — al is die meeste slange nie giftig nie.

Die langste slang is die netslang (*reticulated python*) van suidoos-Asië, Indonesië en die Filippyne, wat langer as 10 m word. Die swaarste lewende slang is 'n Burmese luislang, wat die skaal op 182,76 kg trek, en 'n omtrek van 71,12 cm het. En haar naam? Baby. 'n Mens kan vir haar gaan kuier in die Serpent Safari Park in Gurnee, Illinois, VSA.

'n Broeiende wyfieslang kan haar liggaamstemperatuur met tot 11° C verhoog.

Daar is stories van slange wat vinniger as mense is, maar die vinnigste spoed wat nog vir 'n slang opgeteken is, was 13 km/h. Dis heelwat stadiger as wat die meeste mense hardloop.

12 Watter reptiel word die swaarste?
Krokodil

die water kan lewe. Hulle kan ook met longe én deur hulle velle asemhaal.

Paddas is die bekendste amfibieë, en van die 4 200 amfibiespesies is 3 700 paddas. Die grootste padda is die Afrika-goliatpadda, wat 36,83 cm lank is en 3,66 kg weeg. Dis omtrent so groot soos 'n konyn. Die kleinste paddasoort is die Kubaanse boompadda, wat tussen

SAN Parke

Krokodille is koudbloedige diere wat al meer as 200 miljoen jaar op die aarde is. Hulle was eers landdiere, maar het later amfibies geword. Die grootste krokodil is die soutwaterkrokodil, wat tot 7 m lank word (en volgens party berigte selfs tot 10 m). Die Nylkrokodil wat in Suid-Afrika woon, word (maar) 5 m lank. Hierdie volwasse reuse reptiel broei uit 'n eier uit wat maar 8 cm lank is!

'n Krokodil se kake is geweldig kragtig wanneer dit toeklap — dit klap toe met 'n krag van 140 kg/cm^2 — en kan 'n kleinerige dier se bene breek. Met die oopmaak-slag gaan dit nie so goed nie. Dan is die krokodil se kake só swak dat 'n mens dit maklik met jou hande sal kan toehou.

'n Krokodil kry gedurig nuwe stelle tande om die oues te vervang, maar hy kou nie sy kos nie — dit word sommer heel ingesluk. Dié grillerige reptiel kan ook nie sy tong beweeg nie.

Uit krokodille word baie geld gemaak: hulle velle word gebruik vir artikels soos handsakke en skoene, en die fliek *Crocodile Dundee* het van 1986 af al $328 miljoen gemaak.

13 Paddas is diere wat op land én in die water kan lewe. Wat noem ons sulke diere?
Amfibieë

Die woord "amfibie" kom van Griekse woorde wat "dubbele lewe" beteken omdat dié diere op land en in

8,5 en 12 mm lank word. Dis kleiner as 'n mens se vinger-nael!

Dit kan paddas reën: as 'n sterk wind oor 'n poel met paddas waai, kan dit die paddas opskep en hulle op 'n ander plek laat "reën".

Alle paddas kan een of ander soort gif afskei, maar die meeste se gif is nie baie sterk nie. Een soort padda waarvoor 'n mens egter moet lig loop, is die gifpylpadda.

Gelukkig woon die gevaarlikstes ver hiervandaan, in Suid-Amerika. Die Kokoi-gifpylpadda van Colombia se gif is só kragtig dat net 0,00001134 g genoeg is om 'n volwasse man dood te maak. Indiaanstamme in Colombia gebruik dié gif vir hulle pyle, en een padda het genoeg gif vir 50 pyle.

SAN Parke

14 Watter ovaalvormige bruin insek kan vlieg, is al 350 miljoen jaar op die aarde, en sal dalk selfs 'n kernontploffing kan oorleef?
Kokkerot

Andrzej Sawa

Die kokkerot, of kakkerlak, is een van die wêreld se ratsste diere — dit kan tot 25 keer per sekonde van rigting verander. Volwasse kokkerotte kan by 'n skeurtjie wat 1,6 mm breed is, inkruip. Dié insekte sal enigiets vreet, maar proe eers aan kos voor hulle dit eet. 'n Kokkerot kan 'n paar weke sonder 'n kop bly lewe. Daar is selfs 'n liedjie oor die kokkerot geskryf — *La Cucaracha*.

Meer as 85% van die wêreld se dierspesies is insekte, en meer as 'n miljoen spesies is al beskryf. Daar kan nóg miljoene wees wat wag om ontdek te word!

Insekte is baie veelsydig en kan omtrent enigiets beter doen as soogdiere. 'n Afrika-olifant kan byvoorbeeld net 25% van sy massa op sy rug dra, maar die goliatkewer kan 850 keer sy eie gewig dra! 'n Vlooi, wat 1,5 mm lank is, kan tot 33 cm ver spring. As 'n atleet dit, relatief gesproke, kon doen, sou hy 385 m ver kon spring!

15 Watter insek het die volgende woorde as deel van sy naam: fluweel, mal, rooi, swart, wipstert en rys?
Mier

'n Mens kry 'n fluweelmier, 'n malmier, 'n rooimier, swartmier, wipstertmier en 'n rysmier.

'n Mier is 'n insek, wat beteken dit het ses pote en drie liggaamsdele: 'n kop, bors en agterlyf. Daar is omtrent 9 500 mierspesies, en die wêreld se 10 triljoen miere weeg meer as die 1,2 miljard mense op aarde!

Miere verwerk omtrent 90% van alle dooie insekte en ander ongewerwelde diere. Hulle is goeie boere ook: hulle hou plantluise aan, wat vir hulle heuningdou gee, en dié heuningdou word vir werkermiere gevoer, wat dit weer druppel vir druppel afskei wanneer die ander miere kos nodig het.

Miere is baie sterk. 'n Enkele mier kan omtrent 50 keer sy eie massa optel. Dis soos 'n volwasse man wat drie gesinsmotors oplig!

Volwasse miere kan net vloeistof inneem, daarom word kos eers in die agterkant van die mond gehou totdat dit vloeibaar gemaak is deur die sterk speeksel. Die mier spoeg dan die vaste dele uit.

Die meeste miere lewe tussen 6 en 10 weke, maar party werkers word 7 jaar oud, en koninginne kan tot 15 jaar leef.

Reinier Terblanche

Ditjies en datjies oor mak diere

• Die hond is al meer as 12 000 jaar die mens se beste vriend; dís toe mense die eerste keer hulle Wagters begin mak maak het. Die American Kennel Club deel die wêreld se honde in sewe groepe in, en hulle erken 138 soorte honde: van die Akita, Afgaanse hond en Affenpinscher, tot die Yorkshire-terriër.

Honde maak allerhande interessante geluide: hulle grom, blaf, tjank en huil. Daar ís een hond wat nie blaf nie – die Basenji, wat uit Afrika kom. Die vinnigste hond is die windhond, wat teen 45km/h kan laat waai. Die eerste lewende wese in die ruimte was ook 'n hond, Laika, wat in 1957 in *Spoetnik 2* ruimte toe is.

As 'n mens bang is vir honde, ly jy aan kinofobie.

Daar is meer as 100 miljoen honde en katte net in die VSA, en die Amerikaners bestee elke jaar $5,4 miljard aan hulle troeteldiere.

• Alle katte kom van een soort wildekat — *Felis silvestris*. Die Bybel praat nêrens van katte nie, al is katte al meer as 4 000 jaar gelede die eerste keer mak gemaak. Dit was vermoedelik in Egipte, waar hulle ook as gode aanbid is.

Mense glo dat katte nege lewens het omdat hulle 'n baie goeie sin vir balans en rigting het en meestal op hulle voete land. As 'n mens sien hoe atleties jou kat is, voel jy skoon minderwaardig. Jou kat kan 48 km/h hardloop (dis báie vinniger as jy!). Dit kan ook drie maal beter hoor as jy, sy reuksintuig is veertien maal beter, en dan sien hy nog ses maal beter as jy in die donker ook, danksy 'n lagie agter in sy oë wat lig weerkaats. Dis ook hoekom sy oë gloei in die donker.

Huiskatte se spingeluid ontstaan as gevolg van 'n elastiese ligament tussen die sleutelbeen en die keel wat vibreer wanneer die kat in- en uitasem.

As jy bang is vir katte, ly jy aan ailurofobie. Dis iets waaraan die arme Napoleon glo erg gely het!

Sê wie?

'n Klein katjie is hoofsaaklik merkwaardig omdat dit soos 'n mal ding rondhardloop agter hoegenaamd niks aan nie, en gewoonlik ophou voordat dit daar kom.
— Agnes Repplier

Die kleinste kat is 'n meesterstuk.
— Leonardo da Vinci

- Budjies is die wêreld se gewildste troetelvoëltjies. Die budjie (of parkiet, soos dit ook genoem word) kom eintlik van die droër dele van Australië af, en sy volle naam is 'n regte tongknoper: budgerigar. Dit kom van die Aborigine-woord *betcherrygah*, wat "goeie kos" beteken. Die eerste budjies is al in 1840 in Brittanje bekendgestel, en dié voëltjies kan tot 20 jaar oud word.

  Wilde budjies is gewoonlik groen met 'n geel gesig, maar 'n mens kry hulle in 'n hele klomp kleure, danksy kenners wat hulle in spesifieke kleure teel. Budjies is papegaaie, daarom het hulle krom snawels. Hulle het ook 'n klein pers kolletjie op elke wang, swart strepies op die kop, nek en vlerke, en 'n halssnoer van swart kolletjies.
- Enige perd wat kleiner is as 14,2 hande (144,3 cm) word as 'n ponie beskryf. Die bekendste perderas ter wêreld, die volbloedperd (*thoroughbred*), is in Engeland uit renperde geteel. Perde is vir dié doel uit die Ooste ingevoer, en alle volbloedperde stam van drie hingste af: Beyerley's Turk (1689), Darley's Arabian (1713) en Godolphin Arabian (1731). Die stammoeders van volbloedperde het uit rasse gekom wat reeds in Engeland was.
- Gordonsbaai naby Somerset-Wes is vernoem na sir Robert Gordon, wat in 1789 ses merinoskape van die Nederlandse regering gekry het. Dié skape is na Groenkloof by Mamre gestuur vir teeldoeleindes. Dit was die begin van Suid-Afrika én Australië se merinobedryf, want 29 van dié skape is in 1795 na Australië uitgevoer. Australië het vandag meer as 116 miljoen skape, wat beteken dat daar ongeveer 15 skape vir elke inwoner is. Sjina is boaan die lys van lande met die meeste skape: daar is meer as 131 miljoen skape in dié land.

  'n Skaap het omtrent 1 m² wol op sy liggaam, en die Australiese merino sal tot 87 miljoen wolvesels hê. En een skaap se wol is genoeg vir 14 truie!

  Die eerste groot soogdier wat die resultaat was van volwasse selle wat gekloon is, was Dolly, die Finn Dorset-skaapooi, wat na die sangeres Dolly Parton vernoem is. Dolly het na ses jaar gevrek, en word nou, opgestop, in 'n museum in Edinburgh, Skotland, bewaar. Dolly se lam, Bonnie, is in 1998 gebore.

  Polly is 'n jaar ná Dolly gebore, en het 'n menslike geen in haar liggaam gehad wat 'n bloedstolmiddel bevat het. 'n Sel bestaan uit 'n kern, wat die meeste van die gene en die DNS bevat, en sitoplasma, waar al die sel se belangrike lewensfunksies uitgevoer word. Dolly en Polly is nie ware klone nie, want net die selkerne se inhoud is na hulle toe oorgedra.
- Suid-Afrika se eerste gekloonde soogdier is Futhi, 'n kalf, wat in April 2003 gebore is. Futhi ('n Zoeloewoord wat "replika" of "herhaal" beteken), kom van die DNS van 'n koei wat die Suid-Afrikaanse melkproduksierekord gehou het: sy het tot 78 *l* melk per dag gegee. Die kloning is gedoen deur prof Gabor Vajta van Denemarke, dr Morné de la Rey van die Embrio Plus Embrio And AI Centre, en dr Robert Treadwell.

Ditjies en datjies oor die plantwêreld

Die plantwêreld bestaan uit enigiets van mikroskopiese groeiseltjies tot bome wat eeue oud is en honderde meters die lug in troon. En dis nie net groen waar jy kyk nie — plante spog met 'n verstommende kleurverskeidenheid ook. Daar is reeds meer as 500 000 plante geïdentifiseer, maar daar kan nog duisende soorte wag om ontdek te word. Dit word bereken dat ongeveer 10% tot 15% van die wêreld se blomplante nog nie beskryf is nie. Die meeste sal in die tropiese dele voorkom, veral in Suid-Amerika. Intussen vernietig die mens elke dag meer as 36 000 hektaar tropiese reënwoud...

Die grootste plantversameling

As 'n mens van plante hou, sal jy maande wil deurbring in die Royal Botanic Gardens in Kew, Engeland, wat die wêreld se grootste plantversameling het. Daar is 40 000 lewende plante ($^1/_8$ van alle bekende spesies) en 6 miljoen gedroogde plante ($^9/_{10}$ van alle spesies).

Die plantwêreld het 'n hele paar reuse

- Die wêreld se grootste boom het 'n naam! Dis General

Diere-wêreldrekords

Dis baie moeilik om te bepaal hoe vinnig diere en voëls en visse is. Hier is 'n paar rekordsnelhede wat algemeen vir die verskillende spesies aanvaar word:

	Vinnigste	Spoed
Voëls		
Duikvlug	Swerfvalk	350 km/h
Gelykvlug	Wilde-eende en -ganse	90 – 100 km/h
Op land	Volstruis	72 km/h
Swem	Pikkewyn	35 km/h
Soogdiere		
Algeheel	Jagluiperd	100 km/h
Wildsbok	Amerikaanse antiloop	56 km/h
Mens — op land (mans)	Tim Montgomery	36,809 km/h
Mens — op land (vroue)	Florence Griffith-Joyner	29,10 km/h
Renperd	Renperd	70 km/h
Insekte		
Vlieg	Naaldekoker	58 km/h
Hardloop	Australiese tierkewer	9,01 km/h
Visse	Seilvis	110 km/h

Sherman, 'n reuse Amerikaanse mammoetboom of *sequoia*. Dié ou grote, wat in Kalifornië groei, is 83,82 m hoog, het 'n omtrek van 31,3 m en 'n deursnee van 11,1 m. General Sherman se hout sal genoeg wees om 5 miljard vuurhoutjies te maak.

- Die wêreld se hoogste boom, wat nog steeds groei, is 'n Kaliforniese rooihoutboom, wat 111,25 m die lug in troon.
- Die langste bekende boomtak is 45 m lank, en het 'n deursnee van 2 m. Dit groei op 'n hoogte van 45 m aan 'n mammoetboom.
- Die baniaan, of heilige vyeboom, het lote wat uit sy takke ontspring en nuwe stamme vorm. Die grootste bekende baniaanboom het 1 775 steunwortels, en sy blaredak beslaan 'n area van meer as 1,2 hektaar.

Uitsonderlike blare
- Die reuse waterlelie se blaar kan 'n deursnee van tot 2,4 m hê.
- Die raffiapalm se blaar kan tot 20 m lank word.
- Die drywende eendekroos se blare is maar 0,6 mm lank en 0,3 mm breed.

Plante groei verstommend vinnig — en stadig
- Die reuse bamboes van Birma kan tot 46 cm in een dag groei.
- 'n Soort seewier wat in die waters naby Kalifornië voorkom, kan tot 45 cm per dag groei, en die blare kan tot 100 m lank word.

- Die bloekomboom is die boom wat die vinnigste groei — tot 2,5 cm per dag. 'n Bloekomboom in Nieu-Seeland het 10,6 m binne 15 maande gegroei.
- Die plante wat die stadigste groei, is sekere soorte ligene, wat net 2,5 cm in 'n eeu groei.
- 'n Populierboom groei net meer as 3 mm per dag, en 'n eikeboom nog stadiger — 1,4 mm per dag. Tog trek 'n volwasse eikeboom tot 90 ℓ water per dag uit die grond.
- 'n Kremetartboom kan tot 136 000 ℓ water in sy stam berg.

Herman Jonker

Die roos

Een blom wat wêreldwyd bekend en gewild is, is die roos.

Die naam "roos" verwys na 'n kleur: rosa is die Latynse woord vir "rooi". In Persië was die woord vir 'n roos *gul*, wat "blom" beteken, en wat baie naby was aan *ghul*, die woord vir "gees". Die Egiptenare, Grieke en Romeine het ook die roos met die godewêreld verbind.

Die roosfamilie sluit baie vrugtebome ook in, soos die appel, peer, perske, pruim, kersie, appelkoos, amandel, nektarien, lukwart en kweper. Swartbessies, brame, loganbessies, frambose en aarbeie is ook lede van dié familie, saam met die meidoring en dwergmispel.

Suid-Afrika se trots

Die Kaapse floraryk is die kleinste van die wêreld se ses planteryke, maar die konsentrasie plantspesies is 1 300 per 10 000 km², wat baie hoër is as enige ander plek ter wêreld. Die Suid-Amerikaanse reënwoude, wat die tweede digste konsentrasie het, het maar 400 plantspesies per 10 000 km². Dekriete, heide, proteas, tolbosse, boegoebossies, malvas, surings en orgideë is almal voorbeelde van plante wat in dié gebied voorkom.

Fynbos kom net in die suidwes- en Suid-Kaap voor, en in 'n halfmaan van Nieuwoudtville af tot by Kaapstad en verder tot by Grahamstad.

Fynbosplante het klein, harde, leeragtige blare, en sluit bekende plante soos proteas en erikas in, asook sewe plantfamilies wat nêrens elders in die wêreld voorkom nie. Die fynbos bestaan uit meer as 7 700 plantspesies, waarvan 70% endemies aan dié gebied is, met ander woorde dit is die enigste plek ter wêreld waar dit voorkom. Daar is byvoorbeeld 600 erika-spesies in die Kaapse floraryk, terwyl net 26 spesies elders in die wêreld voorkom. Party spesies se totale verspreidingsgebied is ook verstommend klein. 'n Enkele spesie bestaan partykeer op 'n gebied wat kleiner is as die helfte van 'n rugbyveld!

Die onsigbare wêreld om, en in, ons

Mikro-organismes word beskou as 'n afsonderlike ryk naas die plante- en diereryk, en by 'n onlangse konferensie het 'n aantal kenners tot die slotsom gekom dat minder as 5% van die wêreld se mikro-organismes al beskryf is. Dié organismes sluit in:

- Mikroskopiese alge, waarvan daar na beraming sowat 350 000 spesies is.
- Bakterieë: Ongeveer 4 000 spesies is al beskryf, maar die uiteindelike getal word op 3 miljoen geraam. Baie kruip weg in die grond, op die seebodem, en in diere se ingewande.
- Fungusse: Van dié organismes is al 70 000 spesies bekend, maar daar word gereken dat daar tot 1,5 miljoen kan wees.
- Protosoa: Dit is eensellige organismes, waarvan wetenskaplikes al 40 000 ken. Daar kan nóg 100 000 spesies wag om ontdek te word.
- Virusse: Van die meer as 500 000 virusspesies wat na beraming bestaan, is net ongeveer 5 000 aan die mens bekend.

Clive McDowell/Kaapstad

Plante het ook beroemde name

Daar is 'n hele aantal tuinplante wat na beroemde mense vernoem is. Hier is 'n paar van die bekendstes:

Plantnaam	Vernoem na
Dahlia	Anders Dahl (1751 – 1789), Sweedse botanis
Magnolia	Pierre Magnol (1638 – 1715), Franse botanis
Greengage	Sir William Gage (1777 – 1864), Britse versamelaar
Kamelia	George Joseph Kamel (1661 – 1706), Morawiese sendeling
Freesia	Friedrich Heinrich Theodor Freese (1795 – 1876), Duitse dokter
Bougainvillea	Louis Antoine de Bougainville (1729 – 1811), Franse ontdekker
Avokado	Jorge Avocado (1798 – 1868), Argentynse botanis
Frangipani	Markies Frangipani, 16de-eeuse Italiaanse edelman
Fuchsia	Leonard Fuchs (1501 – 1566), Duitse botanis en dokter
Gardenia	Alexander Garden (1730 – 1791), Skots-Amerikaanse botanis
Granny Smith-appel	Maria Ann Smith (1799 – 1870), Australiese tuinier

Antwoorde

A ALGEMENE KENNIS

Maklik

1a Olifant
2b Leeu
3c Luiperd
4b Buffel
5b Twee

Medium

6 Volstruis
7 Kolibrie
8 Blouwalvis
9 Pikkewyn
10 Walvishaai

Moeilik

11 Luislang
12 Krokodil
13 Amfibieë
14 Kokkerot
15 Mier

B NOG 'N PAAR VRAE

Maklik

1 'n Hond
2 Nege
3 Budjie of parkiet
4 Kwaak
5 Ponies

Medium

6 Chihuahua
7 Siamese kat
8 21 dae
9 Goudvis
10 Varkvleis

Moeilik

11 Moerbeibome
12 Muil
13 Kalkoen
14 Friesbees
15 Dolly

C KEN JOU PLANTE

Maklik

1a Blomme
2b Wortel
3c Herfs
4a Stingel
5a Protea

Medium

6 Peul
7 Seewiere
8 Geelhoutboom
9 Koolsuurgas
10 Gras

Moeilik

11 Chlorofil
12 Fynbos
13 Roos
14 Seebamboes
15 Lelie